GRAMMAIRE HÉBRAÏQUE

ABRÉGÉE

NIHIL OBSTAT
Parisiis die 30ª Martii 1949
J. PRESSOIR, P. S. S.

IMPRIMATUR
Parisiis die 11ª Aprilis 1949
P. BROT,
v. g.

ISBN 2-85021-022-6

J. TOUZARD

PROFESSEUR A L'INSTITUT CATHOLIQUE DE PARIS

GRAMMAIRE HÉBRAÏQUE

ABRÉGÉE

Nouvelle édition refondue

par

A. ROBERT

PROFESSEUR A L'INSTITUT CATHOLIQUE DE PARIS

PARIS

LIBRAIRIE LECOFFRE

Éditions GABALDA et Cie

RUE PIERRE ET MARIE CURIE, 18

1993

AVANT-PROPOS

La *Grammaire hébraïque abrégée*, de J. Touzard, a été publiée pour la première fois en 1905. Le titre était choisi à dessein pour montrer que l'ouvrage, en dépit de son étendue (410 pages), n'entendait pas se donner pour un traité complet, capable de rivaliser avec ceux de Gesenius-Kautzsch et d'Ed. König. Il s'en inspirait seulement pour guider les pas des débutants. L'auteur déclarait en effet : « Permettre aux débutants de surmonter les difficultés très spéciales de leurs commencements, les conduire jusqu'à l'analyse grammaticale des textes qui ne présentent pas de complications trop particulières, les initier à l'usage de la grammaire comparée et des méthodes actuelles : tel est le but de cette grammaire » (p. VII).

La première partie de l'ouvrage répondait pleinement à ce dessein. Elle constitue, disait l'auteur, « une synthèse très réduite des règles absolument indispensables à qui veut commencer de traduire la Bible hébraïque. Les principes sont formulés aussi simplement que possible, et l'on s'efforce, tout en demeurant exact, de les débarrasser de certaines complications et de certains détails qui peuvent contribuer à leur intégrité, mais que le commençant peut d'abord ignorer. Chaque paragraphe tant soit peu important est suivi d'exercices (versions, thèmes) qui fournissent, en des phrases très élémentaires, l'occasion d'appliquer les principes; les derniers de ces exercices... sont des passages extraits de la Bible et accompagnés de notes destinées à expliquer les difficultés que le débutant ne peut encore résoudre » (*Ibid.*). Ce programme est excellent. On peut seulement regretter qu'il ait laissé de côté un certain nombre de notions nécessaires même aux novices. Quoi qu'il en soit, l'expérience a montré qu'en le suivant pas à pas, les jeunes hébraïsants ont beaucoup profité.

Mais ces *Premiers Éléments* ne constituaient qu'une introduction à la grammaire proprement dite. Il faut bien avouer que ce gros traité dépassait de beaucoup les capacités des commençants, sans leur offrir les garanties d'une grammaire purement scientifique. Ils se sentaient perdus dans la surabondance des détails, l'émiettement des questions, la complication des divisions et des subdivisions. Pratiquement ils ont délaissé ce domaine ingrat pour s'en tenir aux *Premiers Éléments.* C'était sagesse : un commençant n'a pas à sortir des notions fondamentales. Quant à l'élève qui se sent une vocation de linguiste ou d'exégète, il aura intérêt à s'adresser d'emblée aux ouvrages-sources. Ceux de Gesenius-Kautzsch et d'Ed. König gardent toute leur valeur; nous avons en plus les traités de Bergsträsser, de Bauer Leander, et ceux plus accessibles de Joüon et de Mayer Lambert.

Autant donc il est à propos de rééditer un livre dont tous reconnaissent les qualités pédagogiques, autant il importe de le délester d'un poids mort, qui est sans profit réel pour la catégorie de lecteurs auquels il s'adresse. Aussi cette nouvelle édition ne veut-elle retenir, au moins comme donnée de base, que les notions contenues dans les *Premiers Éléments* de l'ancienne grammaire. Elles sont pourtant reproduites avec un assez grand nombre de modifications et de compléments. Les plus notables concernent la Phonétique : en un domaine si important, il était particulièrement nécessaire de tenir compte des travaux récents. On a aussi intégré dans la nouvelle rédaction, en les perfectionnant, un bon nombre de notions dont l'auteur ne parlait que dans sa 2e Partie, et qui sont cependant nécessaires à l'élève, dès ses premiers essais de traduction, à savoir : les noms ségolés, les noms de nombres, les verbes irréguliers, enfin les principales règles de la syntaxe, trop facilement sacrifiées aux exigences de la morphologie.

Il reste à souhaiter qu'à l'heure où tout annonce un renouveau des études bibliques, le présent ouvrage contribue pour sa modeste part à procurer aux âmes ce contact direct et profond avec les Saintes Écritures, qui permet de les comprendre, de les goûter et de les vivre plus intensément.

Épiphanie 1948.

CHAPITRE PREMIER

LES LANGUES SÉMITIQUES ET L'HÉBREU

§ I — LES LANGUES SÉMITIQUES

1. — **Les langues dites sémitiques** sont des idiomes parlés au cours des siècles, surtout dans l'Asie occidentale, depuis les vallées du Tigre et de l'Euphrate jusqu'à la mer Méditerranée et à la mer Rouge d'une part, et d'autre part depuis les derniers contreforts des montagnes de l'Asie Mineure jusqu'à l'Océan Indien.

Selon l'aire géographique qu'elles couvrent, on peut les répartir en trois groupes :

a) *Le groupe oriental* est représenté par l'accadien, ou assyro-babylonien. Il comprend les langues sémitiques des inscriptions cunéiformes (du 3e millénaire aux derniers siècles avant J.-C.).

b) *Le groupe occidental du Nord* est le plus complexe.

Il y faut d'abord distinguer les différents dialectes araméens de l'Ouest : celui des inscriptions du VIIIe et du VIIe siècle; le nabatéen et le palmyrénien (du IIIe avant au IIIe siècle après J.-C.); l'araméen biblique, auquel la langue des papyrus d'Eléphantine (Ve siècle av. J.-C.) est étroitement apparentée; l'araméen des Targums et du Talmud palestinien (du IIe au Ve siècle environ après J.-C.); le samaritain, etc. — Il y a aussi l'araméen de l'Est : celui du Talmud de Babylone (du IVe au VIe siècle environ) et de la littérature sacrée des Mandéens (depuis le IVe siècle). Il est surtout représenté par le syriaque, qui a été, au début de l'ère chrétienne, une langue de civilisation de premier ordre.

Au groupe occidental du Nord appartiennent encore les différents dialectes cananéens : le cananéen ancien des lettres de Tell el Amarna (XIVe siècle) ou amorite; la langue des textes de Ras Shamra (XIVe/XIIIe siècle) et le phénicien de Byblos, de Sidon, de l'Égypte, de Chypre et de l'Égée (du XIIIe au IIe siècle); le punique, qui était parlé dans les colonies phéniciennes de l'Afrique du Nord (très nombreuses inscriptions, depuis le ve jusqu'au IIe siècle); enfin le moabite, dont la stèle de Mêšaʿ (IXe siècle) nous donne un échantillon, et l'hébreu.

c) *Le groupe occidental du Sud* comprend les dialectes arabes : le minéo-sabéen, ou himyarite, des inscriptions sud-sémitiques (jusqu'au VIe siècle apr. J.-C.), et l'arabe du Nord : lihyanite, thamoudéen et safaïtique (inscriptions depuis le IVe siècle apr. J.-Ch.), arabe classique du Coran. Le geez ou éthiopien est un rameau détaché de l'arabe méridional. C'est la langue théologique et liturgique des chrétiens d'Abyssinie.

2. — Ces langues ont des **caractères communs** qu'on peut réduire aux trois suivants : *a)* prédominance des sons gutturaux et emphatiques; *b)* expression de l'idée racine par trois consonnes (c'est le phénomène du trilittéralisme); *c)* fixité des consonnes, par opposition aux éléments vocaliques, qui sont plus ou moins flottants.

§ II. — L'HÉBREU

3. — *Le nom* de langue hébraïque ne se trouve pas dans les livres protocanoniques de l'Ancien Testament. En Is., XIX, 18, il est question de la langue de Canaan. Dans II Reg., XVIII, 26; Is., XXXVI, 11; Neh., XIII, 24, parler hébreu se dit parler juif יְהוּדִית. C'est dans le prologue de l'Ecclésiastique (vers 130 av. J.-C.) que le nom d'hébreu désigne pour la première fois la langue des Israélites (ἑβραϊστὶ λεγόμενα).

L'hébreu est *la langue parlée par les Israélites et dans laquelle furent rédigés les livres protocanoniques de l'Ancien Testament*, à l'exception de Jer., X, 11 (un seul verset); Dan., II, 4b-VII, 28; Esdr., IV, 8-VI, 18; VII, 16-26, qui sont en araméen. Plusieurs livres deutérocanoniques, v. g. l'Ecclésiastique, ont été pareillement composés en hébreu.

En dehors des livres bibliques, on possède comme *monuments de la langue hébraïque* : le calendrier agricole de Gézer, qui peut remonter au xe siècle av. J.-C.; les soixante-quinze ostraca de Samarie, contemporains d'Achab (ixe siècle); l'inscription de Siloé, qui fut gravée sous Ézéchias, au viiie siècle; un grand nombre de sceaux, dont la plupart sont antérieurs à la captivité; les dix-huit lettres de Lâkiš, écrites entre 597 et 587; des estampilles apposées sur des anses de jarres, et remontant soit à l'époque de la monarchie, soit à la période postexilienne; enfin des monnaies macchabéennes et asmonéennes (iie-ier siècle).

4. — Il est difficile de retracer *l'histoire de la langue hébraïque*. Cette difficulté tient à plusieurs causes : le manque d'informations suffisantes sur son origine et ses développements prébibliques; l'étendue relativement restreinte de la littérature sacrée; les controverses relatives à la date d'un grand nombre de livres ou de fragments de livres; le procédé d'imitation, qui fut en usage surtout pendant la période postexilienne; les retouches dont consonnes et voyelles ont été l'objet, principalement au viie siècle, en vue de ramener la prononciation des anciens textes à celle des contemporains.

On peut cependant marquer les grandes étapes du développement de la langue hébraïque. Elle sort du cananéen, que nous font connaître les gloses de la correspondance de Tell el Amarna et les textes de Ras Shamra. Son âge d'or est l'époque préexilienne. Sans doute, le degré de perfection des écrits de cette époque varie avec les divers auteurs, et chacun a ses particularités. Mais on trouve comme traits généraux l'harmonie, la vivacité, la concision, la régularité du parallélisme poétique, l'absence d'emprunts faits à une langue étrangère. Ainsi en est-il surtout au temps d'Ézéchias, dans les écrits d'Amos, Osée, Isaïe, etc. Après la captivité, c'est la décadence : l'araméen se substitue peu à peu à l'hébreu dans l'usage courant. La langue des pères devient une langue de lettrés, et ne se soustrait entièrement aux influences ambiantes que dans un nombre assez restreint d'écrits bibliques. Les aramaïsmes tiennent une grande place déjà dans Ézéchiel. De plus, la prolixité, qui est un autre signe de dégénérescence, a fait dès avant l'exil son apparition avec Jérémie; elle ira s'accentuant de plus en plus dans les écrivains postérieurs.

§ III. — TRAVAUX DONT LE TEXTE HÉBREU FUT L'OBJET

5. — A mesure que l'hébreu cessait d'être une langue parlée, il devenait nécessaire de rendre en langue populaire et d'expliquer dans les synagogues ces textes sacrés qui tenaient une si grande place dans la vie liturgique. — De là *les paraphrases araméennes* (Targum) en faveur des Juifs de Palestine et de Babylone; de là *la version grecque* en faveur des Juifs alexandrins.

La vénération dont le texte inspiré était entouré eut aussi pour conséquence la préoccupation de prémunir les livres saints contre toute altération. Vers le IIe siècle de l'ère chrétienne on était arrivé à une véritable fixité du texte hébreu, fixité telle que, v. g. entre les divers manuscrits de la bible juive et ceux que suppose la version de saint Jérôme, on ne saurait trouver de différences assez sensibles pour les classer en deux familles. *Pendant l'âge talmudique* (*IIe-Ve siècle*) le travail de fixation fut complété par l'étude minutieuse que firent les rabbins de toutes les particularités du texte.

Du VIe au VIIIe siècle eurent lieu les *travaux des punctatores*; ils avaient pour but de fixer la prononciation traditionnelle du texte en ses éléments les plus indécis et les plus flottants, à savoir dans les voyelles. C'est à ces rabbins aussi qu'il faut attribuer le système si compliqué d'accentuation qui figure dans nos bibles hébraïques.

Enfin les Massorètes rédigèrent et introduisirent autour du texte sacré les remarques traditionnelles connues sous les noms de *Petite Massore*, *Grande Massore* et *Massore finale*.

C'est seulement au Xe siècle, et surtout sous l'influence de la culture arabe, que l'on se préoccupa d'établir les règles de la *grammaire hébraïque*. Avant cette date, on n'a que les remarques éparses dans les Talmud et dans les écrits de certains auteurs ecclésiastiques. — Le principal initiateur fut le GAON SAADYAH († 942) et les meilleurs travaux furent ceux de IBN EZRA († 1167) et de David QIMHI († 1235). — C'est au XVIe siècle seulement que l'on voit des auteurs chrétiens composer des grammaires hébraïques : REUCHLIN († 1522) et BUX-

TORF père († 1629) suivent encore les méthode juives. Il faut arriver à SCHULTENS († 1750) pour voir inaugurer des méthodes plus scientifiques, tenant compte notamment des données de la grammaire comparée.

Au XIXe siècle, nombreux ont été les auteurs de grammaires hébraïques. C'est à W. Gesenius († 1842) qu'appartient l'honneur d'avoir inauguré ce mouvement.

CHAPITRE II

L'ÉCRITURE

§ I. — L'ALPHABET (Paradigme I, p. 2*).

6. — **L'alphabet hébreu ne comprend que des consonnes.** Les consonnes ont, en effet, une importance capitale en hébreu; ce sont elles qui déterminent l'idée-mère de la racine ou du mot. Ainsi, par exemple, tous les mots dans lesquels les trois consonnes **q, d, š** se rencontreront en cet ordre éveilleront l'idée de sainteté ou de relation avec la sainteté : **q** â **d** a **š**, « *il a été saint* »; **q** â **d** ô **š**, « *saint;* » **q** ô **d** è **š**, « *sanctuaire* »; etc. Il en est tout autrement en français, comme le prouvent les mots suivants formés avec les trois consonnes **p, l, r** et diverses voyelles : **pâlir, peler, piler, polir.**

Grâce à ce rôle des consonnes, on put se passer d'écrire les voyelles tant que l'hébreu fut une langue parlée; le lecteur suppléait de lui-même les sons qui exprimaient les nuances de l'idée mère.

L'alphabet hébreu renferme **vingt-deux lettres,** dont l'une est dédoublée. Ce sont :

Forme.	Nom.	Prononciation.	Transcription.
א,	Aleph	Esprit doux	
ב, בּ	Beth	bh (v), b	b^h, b
ג, גּ	Ghimel	gh, g dur	g^h, g
ד דּ	Daleth	dh (th doux anglais), d	d^h, d
ה	Hé	h aspiré	h
ו	Waw	w anglais	w
ז	Zaïn	z	z
ח	Ḥeth	ch allemand dur	ḥ
ט	Teth	t emphatique	ṭ
י	Yod	y	y

כ, כּ ; ך	Kaph	kh, k	k^h, k
ל	Lamed	l	l
מ ; ם	Mem	m	m
נ ; ן	Nun	n	n
ס	Samech	s	s
ע	Aïn	Esprit rude	‘
פ, פּ ; ף	Phé	ph (f), p	p^h, p
צ ; ץ	Tsadé	ç très dur	ṣ
ק	Qoph	q	q
ר	Resch	r	r
ש { שׂ	Sin	s	ś
ש { שׁ	Schin	ch	š
ת, תּ	Taw	th (th dur anglais), t	t^h, t

7. — **Remarques.** — *Forme des lettres.* — Comme on le voit par le tableau qui précède, cinq lettres ont une forme spéciale à la fin des mots : כ devient ך ; מ devient ם ; נ devient ן ; פ devient ף ; enfin צ devient ץ.

Il importe aux débutants de ne pas confondre : ב (Beth) et כ (Kaf) ; — ד (Daleth) et ר (Resch) ; — ה (Hé), ח (Ḥeth) et ת (Taw) ; — ו (Waw) et י (Yod) ; ו et ן (Nun final) ; — ם (Mem final) et ס (Samech) ; — ע (Aïn) et צ (Tsadé) ; — שׂ (Sin) et שׁ (Schin).

8. — *Prononciation.* — Du point de vue de la prononciation, on a coutume de distinguer les groupes suivants :

gutturales :	א	ה	ח	ע	
palatales :	ג	כ	י	(ק	vélaire)
linguales :	ל	ר			
dentales :	ד	ט	נ	ת	
sifflantes :	ז	ס	צ	שׂ	(שׁ chuintante)
labiales :	ב	ו	מ	פ	

Quand il est prononcé, le א équivaut à peu près à notre h muet dans « homme », « honneur ». Le ה est un h aspiré aussi fort que celui qui se fait sentir dans le mot anglais « hand ». Le ע est un son guttural propre aux Sémites : c'est une aspiration forte et sonore qui explose au fond du gosier. Le ח, dont le ch allemand reproduit assez bien l'articulation, ne s'adoucit jamais à la manière du ch de « nicht ». La prononciation correcte du ר suppose qu'on fait vibrer la langue, comme pour l'r italien ou espagnol. Le waw équivaut au w anglais dans « war », le y à notre y dans « yeux ». Les trois consonnes ט, צ, ק sont emphatiques, et à ce titre, s'opposent respectivement à ת, ס, כ. Elles se prononcent dans l'arrière-bouche, en comprimant les muscles.

Les six lettres que par procédé mnémotechnique on appelle *B^{e}g^{h}ad^{h}k^{he}p^{h}at^h*, à savoir ב, ג, ד, כ, פ, ת, ont une double prononciation :

a) une prononciation dure indiquée par un point placé à l'intérieur de la lettre (voir sur le Dâg^{h}êš, 16), בּ, דּ, כּ, פּ, תּ se prononcent comme nos consonnes b, d, k, p, t; גּ a toujours le son dur de g dans *ga*, jamais le son adouci de g dans *gi;*

b) une prononciation adoucie et aspirée ; c'est elle que l'on doit toujours faire entendre quand ces lettres ne sont pas pointées. Le ב et le פ s'articulent à peu près comme notre v et notre f, le ד comme le th doux et le ת comme le th dur de l'anglais ; quant au ג et au כ, il faut pour les prononcer introduire après les sons g et k un h très rapide[1].

9. — *Sens de la lecture.* — L'hébreu, comme l'arabe et plusieurs autres langues de la même famille, se lit de droite à gauche.

1 2 3 4 5 6 7 8 9 10 11 12 13 14
ב ר א ש י ת בּ ר א א ל ה י ם

Exercice 1.

Transcrire en lettres françaises :

ב פּ נ מ ל צ ע ד ר ך ן ת ה ח י ו א ע שׂ
שׁ ר ב ד תּ ם ס ק ץ ע ן ט ג פּ ר ף ך ז :
אדם נח שׁם חם יפת גּמר אשׁכּנז תּגרמה אברם
יצחק יעקב :

Exercice 2.

Transcrire en lettres hébraïques :

Yš'yh, yrmyh, yḥzq'l, hš', y'l, 'ms, 'b^{h}d^{h}yh, ynh, myk^{h}h, nḥm, ḥb^{h}qq, ṣp^{h}nyh, ḥgy, zk^{h}ryh, ml'k^{h}y.

1. Tous les Juifs font la distinction du כּ et du כ, du פּ et du פ, mais ils diffèrent pour la prononciation des autres *B^{e}g^{h}ad^{h}k^{he}p^{h}at^h*.

§ II. — LES VOYELLES

10. — A l'origine, aucune voyelle n'était, à proprement parler, indiquée dans l'écriture. De bonne heure toutefois, certaines consonnes furent employées pour suggérer la présence des voyelles concomitantes, et elles ont souvent gardé cette fonction dans l'hébreu biblique. Ainsi ו pour les voyelles ô et û, י pour î et ê, ה pour â et ô, א pour â, ê, ô. De là le nom de *matres lectionis*, donné à ces consonnes.

Cependant, à mesure qu'on perdait l'usage de la langue parlée, le besoin se faisait sentir d'indiquer les voyelles d'une façon plus explicite. Même avant l'ère chrétienne, divers essais furent tentés dans ce but. Le système qui a prévalu (celui de l'école dite de Tibériade) n'a été fixé qu'aux VIIe et VIIIe siècles de notre ère. Il est appelé massorétique ou traditionnel. Par respect, les Massorètes n'ont voulu introduire aucune modification dans le texte sacré lui-même ; c'est pourquoi ils ont placé les signes des voyelles au-dessus, au-dessous et au-dedans des lettres ; ces signes d'ailleurs ne sont autre chose, dans leur état actuel, que des combinaisons diverses du trait horizontal, du trait vertical et du point.

11. — Le système massorétique, élaboré avec grand soin, comprend huit signes vocaliques. En voici la liste, avec leurs dénominations traditionnelles.

Forme.	Nom.		Valeur	Exemple.	
1. ◌ָ	*qâmèṣ*	« compression »	o ouvert	חָק־	loi
2. ◌ַ	*pat^h^aḥ*	« ouverture »	a	בַּת	fille
3. ◌ֵ	*ṣêrê*	« fente »	é	שֵׁם	nom
4. ◌ֶ	*s^e^g^h^ôl*	« grappe »	è	אֶבֶן	pierre
5. (ִי) ◌ִ	*ḥirèq*	« grincement »	i	בִּין	comprendre
6. (וֹ) ◌ֹ	*ḥôlèm*	« pression »	o fermé	קוֹל	voix
7. וּ	*šûrèq*	« sifflement »	u (ou)	מוּת	mourir
8. ◌ֻ	*qibbûṣ*	« compression »	u (ou)	שֻׁלְחָן	table

Le ḥirèq et le ḥôlèm peuvent être accompagnés respectivement du י et du ו ; le šûrèq suppose toujours un ו. Dans cette position, le י et le ו, qui sont des demi-consonnes, ne servent plus qu'à indiquer l'allongement des voyelles en question : ainsi בִּי, בּוֹ, בּוּ. C'est ce qu'on appelle l'écriture pleine. Autrement, on a l'écriture défective : בִּ, בֹּ, בֻּ.

12. — Puisque la voyelle (ou) est indiquée par deux signes, les huit signes du tableau ci-dessus ne traduisent que **sept timbres** différents. Le premier, à savoir qâmèṣ, qui dans l'école de Tibériade avait uniformément le son o ouvert, est équivoque, en ce sens qu'il figure une voyelle venant étymologiquement tantôt de a, tantôt de u. L'usage s'est donc introduit de le lire, selon son origine, tantôt â, tantôt ŏ. On verra plus loin **(29)** les règles qui permettent de faire ce discernement.

Les sept voyelles se ramènent aux *trois timbres primitifs a, i, u.* On passe de l'un à l'autre par un dégradé que représentent quatre intermédiaires. De là les deux séquences suivantes :

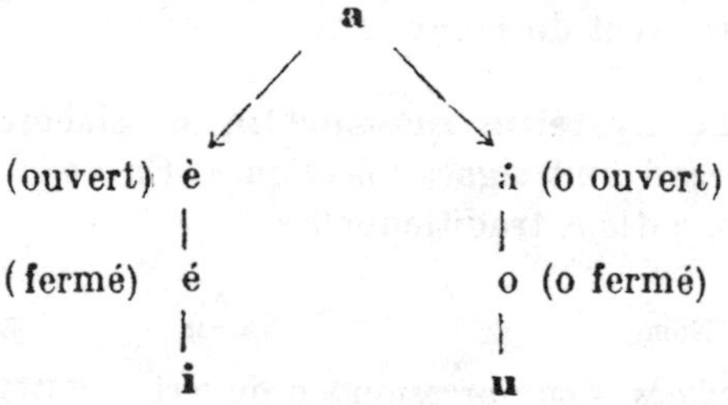

13. — Une même voyelle est susceptible de longueurs variables, que l'écriture massorétique ne se préoccupe pas de représenter. La distinction a priori entre **longues et brèves,** inventée par Qimḥi à l'analogie des langues romanes et adoptée par nos anciennes grammaires, est donc inexacte. La seule chose qu'on puisse dire est que, dans la majorité des cas, les voyelles accompagnées de leur mater lectionis sont longues, à savoir י◌ִ, וֹ, וּ. Inversement les voyelles ◌ִ, ◌ֶ, ◌ַ, ◌ָ (ŏ) et ◌ֻ sont brèves, sauf parfois le ◌ֶ. Entre ces deux catégories on peut distinguer des voyelles moyennes ֵ, ָ (â) et ֹ. Il est très important de ne pas confondre longues et moyennes : si en effet dans l'histoire de la langue, les premières sont restées immuables, ayant été longues dès l'origine, les secondes ne sont que des brèves allongées : ֵ venant de ִ ou de ֶ; ָ (â) venant de ַ; ֹ venant de ֻ. Cette distinction est, comme on le verra bientôt, de très grande conséquence au point de vue pratique.

Exercice 3.

TRANSCRIRE EN LETTRES FRANÇAISES :

חָג[1] יָד רֹב שָׁם עָב עָשׂ שָׁת שָׂשׂוֹן אָח זָר חָת
מֵת נֵר רֵק יֵשׁ שִׁיר עִיר רִיב אִישׁ קִיר קוֹל לוֹט
טוֹב מוֹת טוּב חוּג הוּא סוּסֵי פָּנֶיךָ :

1. Dans les exercices 3, 5 et 7, la voyelle qâmèṣ est à transcrire *â*.

Exercice 4.

TRANSCRIRE EN LETTRES HÉBRAÏQUES :

'âdʰâm, nâhâr, zâkʰâr, šâṭân, 'âśâh, lâbʰân, râ'âbʰ, ḥâmêš,[1] 'âqêbʰ, lâkʰên, 'âšêr, râḥêl, šâlêm, lêbʰâbʰ, nâbʰî', šânîm, 'âḥîm, bâṣîr, 'âśîtʰ, hâ'ôr, mâqôm, 'ârûr, 'êbʰûs, yâqûš.

1. ֱ = ֶ ; ֲ = ַ

Exercice 5.

TRANSCRIRE EN LETTRES FRANÇAISES :

כַּף שָׁבַת שָׂרַי אֵלַי אוּלַי אָמַר אֶבֶן אֹזֶן אֹזֶן אַחַד
זֶה זֶבַח חַיִל אִם מִן נוֹלָד שָׁב :

Exercice 6.

TRANSCRIRE EN LETTRES HÉBRAÏQUES :

Ṡaq, batʰ, 'al, 'adʰ, yam, raq, qaḥ, lâqaḥ, yâladʰ, lâkʰèm, hèḥâgʰ, bâbʰèl, yèḥî, yeḥî, 'im, min, qûm, wâ'âšobʰ.

14. — Outre les signes vocaliques mentionnés ci-dessus, on rencontre sous certaines lettres deux points verticaux ְ. Ce signe porte le nom de **šᵉwâ'**. Il se met sous les lettres non quiescentes qui, dans l'intérieur des mots, ne sont pas pourvues de voyelles. On le met cependant aussi à la fin des mots dans le ך (בֵּרֵךְ), à titre de signe diacritique, pour distinguer cette lettre du ךְ ; et aussi lorsque deux lettres finales ne sont pas vocalisées : קָטַלְתְּ.

Le š^{e}wâ' peut avoir *trois valeurs différentes*, la première étant très nettement distincte des deux autres :

1. Il est un *simple signe d'orthographe*, qui n'est pas rendu dans les transcriptions : יִכְתֹּב *yik^{h}tôb^{h}* « il écrira ». On l'appelle alors **quiescent**, c'est-à-dire non prononcé.

2. Le š^{e}wâ' proprement dit, ou **s^{e}wâ' mobile,** est une vraie voyelle. On le prononce comme un e muet (par ex. dans *tenir*), et on le transcrit en exposant : כְּתֹב *k^{e}t^{h}ôb^{h}* « écris », כֹּתְבָה *kôt^{he}b^{h}âh* « écrivant ». Le š^{e}wâ' mobile rend spirante la B^{e}gad^{h}k^{he}p^{h}at^{h} qui suit (cf. les exemples ci-dessus). Si dans un mot se rencontrent deux š^{e}wâ' de suite, le premier est quiescent, le second est mobile : יִכְתְּבוּ *yik^{h}t^{e}b^{h}û* « ils écriront ».

3. Enfin, on peut distinguer un š^{e}wâ' intermédiaire entre le quiescent et le mobile, et que pour cette raison on appelle **moyen**. Comme le š^{e}wâ' quiescent, il termine une syllabe; comme le mobile, il est prononcé : מַלְכֵי *mal^{e}k^{h}êy*, « les rois », לִבְנֵי lib^{he}nêy, « aux fils », הַלְלוּ *hal^{e}lû* « louez ». Il se rencontre après les voyelles auxiliaires et toutes les consonnes qui ont perdu le redoublement. Il rend spirante la B^{e}g^{h}ad^{h}k^{he}p^{h}at^{h} qui suit.

15. — Le š^{e}wâ' dont il a été question jusqu'à présent est appelé **š^{e}wâ'** simple (en raison de son signe), ou encore incolore (en raison de sa prononciation). A ce double titre, il s'oppose au š^{e}wâ' composé ou coloré. Ce dernier, qui peut être mobile ou moyen, porte dans la langue rabbinique le nom de **ḥâṭêp^{h},** c'est-à-dire š^{e}wâ' enlevant, abrégeant, par allusion à la rapidité de sa prononciation.

Il y a trois ḥâṭêp^{h}, qui combinent le signe du s^{e}**wâ**' simple avec celui des voyelles a, è, ŏ. On a donc :

Forme du signe	Nom des signes	Valeur des signes	Exemples
ֲ	Ḥâṭêp^{h}-Pat^{h}aḥ	a	חֲמוֹר ḥ^{a}môr, « *âne* ».
ֱ	Ḥâṭêp^{h}-S^{e}g^{h}ôl	è	אֱמֹר ^{è}môr, « *dire* ».
ֳ	Ḥâṭêp^{h}-Qâmèṣ	ŏ	חֳלִי ḥ^{o}lî, « *maladie* ».

Exercice 7.

TRANSCRIRE EN LETTRES FRANÇAISES :

שְׁכֶם יְדַעְתֶּם חֲנוֹךְ עֲלֵי הֲרָגוֹ אֲשֶׁר צְעָקִים הֱיוֹת הֶעֱבִיר, חֲרִי לְאֱמֶת׃

Exercice 8.

TRANSCRIRE EN LETTRES HÉBRAÏQUES :

Y^{e}šûb^{h}ûn, t^{e}mût^{h}ûn, mid^{h}bâr, yig^{h}dal, himṭîr, 'umnâm, tib^{h}q^{e}šû. Y^{e}rûšâlayim, ta'^{a}wat^{h}, 'aḥ^{a}rît$_{h}$, '^{e}lôhîm, lè'^{e}sôr.

§ III. — AUTRES SIGNES DE LECTURE

16. — Le Dâghês. — C'est un point que l'on remarque assez souvent dans diverses lettres hébraïques : מּ, לּ, etc.

a) Sa fonction la plus fréquente est d'indiquer le redoublement de la lettre qu'il affecte : לַמֵּד — *lammêd^{h}*, « enseigne », גִּבּוֹר, *gibbôr*, « héros ». — Quand le Dâg^{h}êš remplit cette fonction, qui est purement orthographique, on l'appelle Dâg^{h}êš fort.

C'est une propriété des gutturales א, ה, ח, ע, qu'elles ne prennent jamais le Dâg^{h}êš et qu'elles ne se redoublent qu'imparfaitement. Il en est de même du ר.

b) Avec les B^{e}g^{h}ad^{h}k^{he}p^{h}at^{h} (**8**), le Dâg^{h}êš peut jouer un autre rôle. Quand ces lettres sont au commencement des mots, ou des syllabes dans l'intérieur des mots, elles prennent souvent un point, qui a pour fonction d'indiquer leur prononciation dure. — Lorsque le Dâg^{h}êš remplit cette fonction, il est dit *Dâg^{h}êš léger*. On doit mettre le Dâg^{h}êš léger dans une B^{e}g^{h}ad^{h}k^{he}p^{h}at^{h} quand elle n'est précédée immédiatement d'aucun son vocalique, fût-ce d'un š^{e}wâ' mobile ou moyen. Pour les applications particulières de ce principe général, voir n° **25**.

La consonne redoublée par le Dâg^{h}êš fort est supposée avoir le son dur. Ainsi on dit אַף *'ap^{h}*, mais אַפַּי *'appay*.

17. — Le mappiq. — Ce mot veut dire « faisant sortir ». Le mappiq est un point, semblable au Dâg^{h}êš; on ne le met guère que dans le ה final, pour indiquer qu'il doit être prononcé. Ainsi l'on a גָּלָה *gâlâ[h]* « il a révélé », mais גָּבַהּ *gâb^h^ah* « il a été élevé ».

18. — Le maqqep^h^. — C'est un signe qui « rapproche », qui « égalise » (tel est le sens du mot en araméen) : simple trait d'union qui joint deux ou plusieurs mots unis par le sens. Ils sont alors supposés n'en plus former qu'un seul; l'accent principal se porte sur le dernier, et la vocalisation tend à s'alléger : כָּל־אָדָם *kŏl-'âd^h^âm* « tout homme », au lieu de כֹּל אָדָם.

19. — Le mèt^h^èg^h^ (bride, frein) est un petit trait vertical qu'on met à gauche d'une voyelle pour indiquer qu'on doit la faire nettement entendre, et non pas glisser rapidement sur elle. Il sert en même temps d'accent tonique secondaire : קָֽטְלָה *qâṭ^e^lâh* « elle a tué ».

§ IV. — LE TON ET LES ACCENTS

20. — Les mots hébreux ont normalement **un ton,** qui est marqué par l'élévation et l'intensité de la voix. Le ton est généralement sur la dernière syllabe du mot דָּבָ֫ר, « *parole* », parfois sur la pénultième (שָׁמַ֫רְתָּ, *tu as gardé*), jamais sur l'antépénultième.

Dans le premier cas, il est dit *mil^e^ra'* (par en bas), dans le second, *mil^e^'êl* (par en haut).

Lorsque l'addition des désinences amène un déplacement du ton, il en résulte des changements dans les voyelles susceptibles de s'abréger, de disparaître ou de modifier leur timbre (**28-21**).

21. — On appelle **accents** les signes qui indiquent le ton, principal ou secondaire, le groupement logique des mots, et la modulation requise par la lecture publique traditionnelle. Le système des accents est basé sur la division du texte en versets. Il est très complexe : on distingue les accents ordinaires, ou prosaïques, et les poétiques, usités seulement dans Job., Prov.

et Ps. Chaque catégorie comprend des accents conjonctifs et disjonctifs.

Pour l'utilité pratique immédiate, il suffit de retenir les trois disjonctifs suivants :

a) l'At^{h}nâḥ (֑) qui marque le milieu du verset ;

b) le Sillûq (ֽ) qui marque la fin du verset. Il est complété par le Sop^h-Pâsûq (:) qui sépare les versets les uns des autres.

c) le zâqêp^h (֕ ou ֔) qui marque une pause intermédiaire.

§ V. — K^{e}T^{h}IB^h ET Q^{e}RÊ[Y].

22. — On rencontre assez fréquemment au-dessus des mots du texte biblique de petits cercles ou de petites étoiles (ישבתי° ou ישבתי*) renvoyant à des notes qui, dans les Bibles manuscrites, se trouvent d'ordinaire dans la marge, mais qui, dans les Bibles imprimées, sont réunies soit au bas des pages, soit même à la fin du volume. — Nombre de ces notes indiquent les diverses anomalies du texte, v. g. la présence d'une voyelle longue là où il faudrait une voyelle brève, la présence d'un dâg^{h}êš alors que normalement il ne devrait pas y en avoir, etc. Mais les plus importantes de ces annotations sont celles qui invitent à ajouter au texte ou à en retrancher un mot ou une lettre, ou encore à substituer un autre mot ou une autre lettre à ceux du texte. Dans ce cas le mot écrit dans le texte est appelé K^{e}t^{h}îb^h (כְּתִיב, « écrit », partic. passif du verbe araméen כְּתַב « écrire ») ; le mot qui est placé en marge ou au bas de la page est appelé Q^{e}rê[y] (קְרֵי, « lu », masc. sing. partic. pass. Qal du verbe araméen קְרָא, « lire »).

Le mot écrit dans le texte est muni, non des voyelles qui lui conviennent, mais de celles qui conviennent au Q^{e}rê[y]. Ainsi, I Sam., xv, 16, on a dans le texte וַיֹּאמְרו et en note ויאמר ; les voyelles du texte sont celles du Q^{e}rê[y] וַיֹּאמֶר, et non celles du K^{e}t^{h}îb^h qui devrait être vocalisé וַיֹּאמְרוּ

23. — **Q^{e}rê[y] perpétuel.** — Lorsque certains mots usuels reviennent fréquemment dans le texte et doivent être lus autre-

ment qu'ils sont écrits, on n'indique pas la lecture à adopter en marge ou au bas de la page, on se borne à mettre sous les consonnes du K^{e}t^{h}îb^{h} les voyelles du Q^{e}rê[y], qui est dit *perpétuel.* L'exemple de beaucoup le plus frappant est celui du nom (tétragramme) divin יהוה. Par respect pour la divinité, les Juifs ne lisaient jamais ce nom dans les réunions synagogales; on lui substituait soit le nom אֲדֹנָי, *Seigneur*, soit, lorsque le mot אֲדֹנָי précédait immédiatement (à savoir dans la locution אֲדֹנָי יהוה, *Seigneur Yahweh*), le nom אֱלֹהִים, *Dieu.* — C'est pourquoi l'on a transporté sous les consonnes de יהוה, soit les voyelles de אֲדֹנָי, soit celles de אֱלֹהִים; dans le premier cas, on a substitué au ֲ de la gutturale א le s^{e}wâ' simple, qui convient mieux au י; on a ainsi יְהוָה; mais אֲדֹנָי יֱהֹוִה. — Beaucoup de lecteurs de la Bible se sont mépris sur le vrai caractère de ce Q^{e}rê[y] perpétuel, et comme la forme יְהוָה est de beaucoup la plus fréquente, on s'est accoutumé à unir aux consonnes les voyelles qui les affectent, mais qui ne sont pas faites pour elles, et l'on est arrivé ainsi à ce barbarisme Yehowah, que l'on a pris pour le nom propre de Dieu chez les Juifs. De fait, la lecture la plus probable du tétragramme divin est Yahwè[h].

CHAPITRE III

QUELQUES PRINCIPES DE PHONÉTIQUE

§ Ier. — LES CONSONNES

24. — Changements divers dans les consonnes.

a) Il y a *permutation* quand une consonne cède la place à une autre. Ce phénomène se produit régulièrement dans certains cas : ainsi le ת se change en ט lorsqu'il se trouve à côté de la sifflante emphatique צ : הִצְטַדֵּק, « il s'est justifié » (pour הִצְתַדֵּק*: voir ci-dessous *d*). Il peut aussi être le résultat d'une évolution historique : ainsi la forme וָשַׁב « s'asseoir », devenant יָשַׁב.

b) Il y a **assimilation** quand une première consonne, plus faible, se transforme en la suivante, plus forte. De là un redoublement, indiqué par le dâgʰêš fort. L'assimilation a lieu surtout dans le cas du נ pourvu d'un šᵉwâ' : יִגַּשׁ il s'approchera (pour *יִנְגַּשׁ).

c) **L'élision** est la disparition d'une lettre. Quand elle se produit au début du mot, on l'appelle *aphérèse :* גַּשׁ « approche » (au lieu de נְגַשׁ). Dans l'intérieur du mot, c'est la *syncope :* לַדָּבָר « à la parole » (au lieu de לְהַדָּבָר); à la fin du mot, *l'apocope* יְגַל « qu'il révèle » (au lieu de יְגַלֶּה).

d) **La métathèse** est l'inversion des lettres. Ainsi une sifflante ou chuintante passe avant une dentale : הִסְתַּבֵּל « il s'est traîné » (pour הִתְסַבֵּל); הִשְׁתַּמֵּר « il s'est gardé » (pour הִתְשַׁמֵּר). La métathèse se combine quelquefois avec la permutation הִצְטַדֵּק « il s'est justifié » (au lieu de הִתְצַדֵּק).

25. — Les B^{e}g^{h}ad^{h}k^{he}p^{h}at^h. — On a dit plus haut (**16**) que les lettres בּ, גּ, דּ, כּ, פּ, תּ ont le son dur, marqué par le Dâg^{h}êš léger, quand elles ne sont précédées immédiatement d'aucun élément vocalique, et le son spirant dans le cas contraire. Voici quelques applications particulières du principe : la B^{e}g^{h}ad^{h}k^{h}ep^{h}ath^h a le son dur :

a) au commencement des phrases : דִּבְרֵי יִרְמְיָהוּ, *Paroles de Jérémie* (Jér., I, 1);

b) au commencement des membres de phrase, et par conséquent après les principaux signes de ponctuation;

c) au commencement d'un mot, quand le précédent se termine par une consonne sans voyelle, v. g. dans le כּ de עַל־כֵּן, *c'est pourquoi*, dans le פּ de עֵץ־פְּרִי, « arbre fruitier »; mais on aura יִשְׁאֲגוּ כְפִירִים, « les lions rugissent », sans dâg^{h}êš dans le כ;

d) au commencement d'une syllabe dans le corps du mot, quand la syllabe précédente se termine par une consonne dépourvue de voyelle (munie du š^{e}wâ' quiescent) : v. g. dans le תּ de שְׁמַרְתֶּם, *vous avez gardé*, mais non dans le ב de כָּבְדָה, *kâ-b^{he}d^{h}âh*, « elle a été pesante ».

26. — Les gutturales. — Les lettres gutturales א ה ח ע, auxquelles il faut joindre la linguale ר, ont les exigences suivantes :

a) *Elles ne souffrent pas*, dans la langue biblique, *d'être redoublées*. Cependant elles s'accommodent parfois d'un redoublement faible, qu'on appelle virtuel. L'aptitude au redoublement virtuel existe surtout chez le ח : אַחִים *'aḥîm*, « les frères »; elle est à peu près inexistante dans le cas du ר.

b) Lorsque les gutturales ne se redoublent pas, la voyelle précédente s'allonge : c'est ce qu'on appelle le *redoublement compensé*. Ainsi הָאָדָם *hâ'âdâm*, « l'homme », tandis qu'on a הַדָּבָר *haddâb^{h}âr*, « la parole ». On reconnaît donc l'existence d'un *redoublement virtuel* à la persistance d'une voyelle brève devant la gutturale : הַחֹדֶשׁ *haḥôd^{h}ès*, « le mois » : הֶהָרִים *hèhârîm*, « les montagnes ».

c) *La voyelle propre* des gutturales est généralement le

son a, qui leur est homogène. Cette voyelle, tantôt expulse la voyelle primitive : יִשְׁלַח *yišlaḥ*, « il enverra » (cf. יִקְטֹל); tantôt paraît à l'état de šᵉwâ' composé : יִשְׁחֲטוּ *yišḥᵃṭû*, « ils massacreront » (cf. יִקְטְלוּ), ou de patʰaḥ furtif (on appelle ainsi un patʰaḥ qui, pour simple raison d'euphonie, se glisse sous la gutturale, sans déranger la voyelle normale : שָׁלוּחַ *šalûᵃḥ*, cf. קָטוּל). Outre le son a, les gutturales s'accommodent encore des sons e et o : אֱכֹל *ᵉkʰôl*, « manger »; פָּעֳלוֹ *poᵒlô* « son œuvre ».

§ II. — LA SYLLABE

27. — Il est très important en hébreu de savoir distinguer les syllabes.

a) Toute syllabe commence par une consonne : שָׁמַר *šâmar*, « il a gardé », même si la première lettre est quiescente : אָמַר *'â-mar*, « il a dit ». Cependant, le ו conjonctif, vocalisé וּ, peut ouvrir une syllabe : וּדְבָרִים *û-dʰe-bʰâ-rim*, « et les paroles ».

b) La syllabe peut finir par une voyelle, auquel cas elle est dite ouverte : בֵּיתוֹ *bêtʰô*, « sa maison »; ou par une consonne : elle est alors fermée : יָם *yâm*, « la mer ». Les consonnes quiescentes ne ferment pas les syllabes : ainsi le *yod* de מַלְכֵי *malᵉkê*; « les rois », le *hé* de גָּלָה *gâlâh*, « il a découvert »; le aleph de מָצָא *mâṣâ*, « il a trouvé ». — Les syllabes terminées par une double consonne sont dites doublement fermées : שָׁמַרְתְּ *šâmartᵉ*, « tu as gardé ». Celles qui sont terminées par une consonne redoublée sont dites aiguës : אִמּוֹ *'immô*, « sa mère ».

c) Le šᵉwâ' mobile peut être considéré comme constituant une demi-syllabe : שְׁמֹר *šᵉ-môr*, « garde », חֳלִי *ḥᵒ-lî*, « maladie ».

d) Certaines syllabes sont anormales, en ce sens qu'elles sont imparfaitement ou virtuellement fermées. Le premier cas se présente avec le šᵉwâ' moyen : מַלְכֵי *malᵉkê*, « les rois »;

יַעֲמֹד *ya‘^{a}môd^{h}*, « il se tiendra » : ce š^{e}wâ’ tient, en effet, du mobile et du quiescent, et donc la consonne qu’il affecte peut être tout à la fois considérée comme fermant la syllabe précédente, ou comme constituant à elle seule une demi-syllabe indépendante. Le deuxième cas est créé par le redoublement virtuel des consonnes : יְבַעֵר *y^{e}b^{h}a‘êr*, « il brûlera » (**26**, *b*).

Exercice 9.

Transcrire en lettres françaises en indiquant la division des syllabes :

בְּרֵאשִׁית בָּרָא אֱלֹהִים אֵת הַשָּׁמַיִם וְאֵת הָאָרֶץ׃ וְהָאָרֶץ
הָיְתָה תֹהוּ וָבֹהוּ וְחֹשֶׁךְ עַל־פְּנֵי תְהוֹם וְרוּחַ אֱלֹהִים
מְרַחֶפֶת עַל־פְּנֵי הַמָּיִם׃ וַיֹּאמֶר אֱלֹהִים יְהִי אוֹר וַיְהִי־אוֹר׃
וַיַּרְא אֱלֹהִים אֶת־הָאוֹר כִּי־טוֹב וַיַּבְדֵּל אֱלֹהִים בֵּין הָאוֹר
וּבֵין הַחֹשֶׁךְ׃ וַיִּקְרָא אֱלֹהִים לָאוֹר יוֹם וְלַחֹשֶׁךְ קָרָא לָיְלָה
וַיְהִי־עֶרֶב וַיְהִי־בֹקֶר יוֹם אֶחָד׃

Exercice 10.

Transcrire en lettres hébraïques :

Hinnêh bâr^{e}k^{h}û’êt^{h} יהוה kǒl-‘ab^{h}d^{h}ê(y) יהוה : hâ‘ôm^{e}d^{h}îm b^{e}b^{h}ê(y)t^{h} יהוה ballê(y)lôt^{h}. Ś^{e}’û y^{e}d^{h}êk^{h}èm qôd^{h}èš; ûb^{h}âr^{e}k^{h}û ’êt^{h} יהוה. Y^{e}b^{h}ârèk^{he}k^{h}â יהוה missiyôn ; ‘ôśêh šâmayîm wâ’ârèṣ.

§ III. — VOYELLES ET SYLLABE

28. — Quantité des voyelles, selon que la syllabe est ouverte ou fermée, tonique ou atone, — Normalement, on a, en syllabe ouverte, des longues ou des moyennes : יָקוּמוּ *yâqûmû*, « ils se lèveront » ; מָצָא *mâṣâ’*, « il a trouvé ». Il arrive aussi qu’on rencontre, en syllabe ouverte tonique, les brèves a et è : יְעָצַנִי *y^{e}‘âṣanî*, « il m’a conseillé » ; יִקְטְלֶיהָ *yiqt^{e}lèhâ*, « il l’a tuée ». L’accent tonique ayant pour effet d’élargir notablement la voyelle qu’il affecte, ce cas rentre, en somme, dans le précédent. Il n'en va pas de même dans le suivant, qui est très exceptionnel; c'est celui de voyelles brèves en syllabe ouverte atone : הַאֵשֵׁב *ha'êšêbʰ* « habiterai-je »?

Les syllabes fermées, toniques et finales, peuvent être indifféremment munies de voyelles longues : דְּבָרִים *dᵉbʰârîm*, « les paroles »; moyennes : קָטֹן *qâṭôn*, « petit », ou brèves : אָמַר *'âmar*, « il a dit ». Simplement toniques, elles ont des moyennes : לָמָּה *lâmmâh*, « pourquoi » ou des brèves : כָּתַבְתָּ *kâtʰabʰtâ*, « tu as écrit ». Atones, elles ne s'accommodent que de voyelles brèves : מַלְכִּי malki, « mon roi »; הַהוּא *hahû'* « le même » (la première syllabe est virtuellement fermée); וַיָּקָם *wayyâqom* « et il se leva ».

29. — Les règles qui précèdent permettent de reconnaître *quand le qâmèṣ est bref ou non, et donc doit être prononcé ŏ ou â.*

En règle générale, il se prononce ŏ quand il est dans une syllabe fermée non accentuée, à savoir :

a) quand il est suivi d'un šᵉwa' simple quiescent חָכְמָה *ḥŏkʰmâh*,» sagesse ». Toutefois, si la syllabe fermée qui comporte le qâmèṣ est accentuée, on prononce â : לַיְלָה, *lây-lâh*, « nuit ». Dans le cas d'un šᵉwâ' mobile, le signe ָ serait accompagné du métheg ָֽ et devrait se prononcer â : אָֽכְלָה, *'â-kʰᵉlâh*, « elle a mangé ».

b) quand il est suivi du dâgʰèš fort : חָנֵּנִי, *ḥŏn-nêni*, « aie pitié de moi ». Mais si la syllabe qui le renferme est accentuée, on prononcera â : לָמָּה, *lâmmâh*, « pourquoi ».

c) de même quand il est suivi du trait d'union (qui fait perdre l'accent tonique au mot précédent) : כָּל־אָדָם, *kŏl-'âdʰâm* « tout homme »; et quand il est dans la dernière syllabe du mot, l'accent affectant la pénultième : וַיָּקָם, *wayyâqom*, « et il se leva ».

N. B. — Dans les mots פָּעָלְךָ, *po'ᵒlᵉkʰâ*, « ton œuvre »; פָּעֳלוֹ, *po'ᵒlô*, « son œuvre »; קָדָשִׁים *qodʰâšîm*, « sanctuaires », et שָׁרָשִׁים, *šorâšîm* « racines », le premier qâmèṣ (en ce cas toujours accompagné du métheg) doit se prononcer o, parce qu'il vient d'un ô primitif : פֹּעַל, קֹדֶשׁ, שֹׁרֶשׁ (**42**, 3°).

30. — Voyelles impermutables et permutables. — La mobilité de l'élément vocalique est extrême en hébreu : c'est ce qui fait une des principales difficultés de la langue. Les déplacements d'accent peuvent en effet entraîner des modification dans la distribution des syllabes. Par suite, certaines voyelles changent de longueur ou de timbre, ou même disparaissent pour céder la place à un šᵉwâ'.

Sont à l'abri de ces changements les voyelles qui par nature ou par position restent stables, et pour ce motif ont été appelées impermutables.

Les longues sont impermutables par nature : סוּס, *sûs*, « le cheval » : סוּסִים, *sûsîm*, « les chevaux ». Les moyennes (qui primitivement étaient brèves : **11**) et les brèves le sont par position, à savoir : les moyennes quand elles compensent l'absence de redoublement d'une gutturale (**26**, *b*): בֵּרֵךְ, *bêrêkʰ* (pour *birrêkʰ*), « il a béni », בֵּרַכְתֶּם, *bêrakʰtèm*, « vous avez béni »;

les brèves quand elles se trouvent en syllabe aiguë (**27** *b*), explicite ou virtuelle (**27** *d*) : אִמִּי, *'immî*, « ma mère », אִמּוֹתֵנוּ, *immôtʰênû*, « nos mères »; שִׁחֵת, *šiḥêtʰ*, « il a détruit », שִׁחֶתְךָ, *šiḥêtʰᵉkʰâ*, « il t'a détruit »; ou quand elles sont en syllabe fermée tonique ou prétonique : יַלְדוּת, *yaldûtʰ*, « la jeunesse », יַלְדוּתְךָ, *yaldûtʰ èkʰâ*, « ta jeunesse »; תִּפְאָרָה *tipʰ'ârâh* et תִּפְאֶרֶת, *tipʰ'èrètʰ*, « la beauté ».

En dehors de ces cas, moyennes et brèves sont permutables.

Les moyennes retournent en effet à leur état bref primitif lorsqu'elles perdent le ton :

â devient ă : יָם *yâm*, « la mer »; יַמִּים *yammîm*, « les mers ».

ô devient ŏ : יָסֹב, *yâsôb^h*, « il entourera »; וַיָּסָב *wayyâsŏb^h*, « il a entouré ».

ê devient è : יָחֵל, *yâḥêl*, « il commencera », וַיָּחֶל *wayyâḥèl*, « il a commencé ».

Par un phénomène contraire, les brèves deviennent moyennes, soit quand elles se trouvent en syllabe ouverte, soit quand elles prennent l'accent tonique. — Ex. : עַל, *'al*, « sur » : עָלַי, *'âlî*, « sur moi »; קָדְשִׁי, *qod^hšî*, « ma sainteté » קֹדֶשׁ, *qôd^hèš*, la sainteté.

31. — **Les changements de quantité peuvent s'accompagner de changements de timbre.** Ainsi : ê devient quelquefois a : יֹאכֵל, *yô'k^hêl* et יֹאכַל, *yô'k^hal*, « il mangera », et s'abrège en i lorsqu'il est en syllabe aiguë : אֵם, *'êm*, « la mère » : אִמִּי, *'immî*, « ma mère ».

a peut se transformer en è ou même en i : אַחִים *aḥîm*, « les frères » et אֶחָיו, *'èḥaw*, « ses frères »; דִּבֵּר *dibbêr*, « il a parlé », pour le primitif *dabbar*.

ô se rétracte en u lorsqu'il est en syllabe aiguë : עֹל, *'ôl* « le joug » : עֻלִּי, *'ullî*, « mon joug ».

32. — Quand les voyelles moyennes se trouvent en syllabe ouverte atone, elles peuvent, non seulement retourner à l'état de brèves, mais disparaître. Elles sont alors remplacées par un šᵉwâ' : ainsi le premier qâmèṣ dans דָּבָר *dâb^hâr* « la parole »; דְּבָרִים, *d^eb^hârîm*, « les paroles »; le ḥôlèm de קֹדֶשׁ, *qôd^hèš*, « la sainteté » : קֳדָשִׁים, *q^od^hâšîm*, « les saintetés ».

On ne peut avoir deux šᵉwâ' de suite au commencement d'un mot. En ce cas le premier est remplacé par une voyelle, généralement i bref : בִּדְבָרִים *bid^he b^hârîm*, « par les paroles », au lieu de בְּדְבָרִים.

CHAPITRE IV

LE NOM

§ I. — DÉRIVATION

33. — Sauf un petit nombre d'exceptions, les noms *dérivent du verbe;* aussi faut-il, dans presque tous les lexiques, chercher le verbe-racine avant de trouver le nom dérivé. — Au point du vue grammatical, les adjectifs se traitent exactement comme les noms.

Les formes nominales sont très diverses : elles peuvent n'avoir que deux consonnes, ou même une seule. La plupart du temps, elles en ont trois, conformément au génie de la langue (**2**); quelquefois, elles sont quadrilittères. Enfin, elles sont souvent dérivées de racines trilittères, au moyen de lettres ajoutées en tête ou en queue. Dans le premier cas, ces lettres sont nommées préformantes; dans le second, afformantes. Les préformantes sont א, ה, י, surtout מ et ת : מִקְנֶה « possession », de קָנָה « posséder »; תַּלְמִיד « disciple », de לָמַד « apprendre ». Les afformantes sont ôn, î, ît, ût : שַׁבָּתוֹן « repos sabbatique », de שָׁבַת « cesser (le travail) »; רַגְלִי « le piéton », de רֶגֶל « pied »; רֵאשִׁית « le commencement », de רֹאשׁ « la tête, le principe »; מַלְכוּת « la royauté », de מָלַךְ « régner ».

§ II. — LE GENRE

34. — Il y a *deux genres* en hébreu : le masculin et le féminin. Le féminin est souvent employé pour désigner des choses qui, en latin ou en grec, seraient du genre neutre. Il n'existe aucun principe général qui permette à priori de ranger un être dans la classe du masculin ou du féminin.

Les signes grammaticaux qui servent à discerner le genre sont d'une valeur toute relative, qu'il s'agisse de l'accord avec les mots voisins ou de la finale du nom.

Anciennement, *la marque du féminin* était la désinence at. Elle existe normalement dans l'assyrien, le phénicien, l'arabe et l'éthiopien. Elle se laisse reconnaître en hébreu dans quelques cas : יְהוּדִית, « la juive »; מַלְכוּת, « la royauté », מַלְכַּת, « la reine ». — La finale la plus ordinaire, à beaucoup près, est la désinence ָה. Comme elle est accentuée, elle entraîne dans la flexion les modifications énoncées au chapitre précédent. Voici les différents cas qu'il faut considérer.

a) Noms à voyelles impermutables : La désinence ָה s'ajoute au masculin sans amener aucun changement : סוּס, « cheval »; סוּסָה, « jument ». טוֹב, « bon »; טוֹבָה, « bonne ». אַחֲרוֹן, « dernier »; אַחֲרוֹנָה, « dernière ».

b) Noms à une ou plusieurs voyelles permutables : שֹׁמֵר, « gardant ». — La première voyelle est longue (bien que défectivement écrite) : la deuxième est moyenne; cette dernière est donc seule permutable : fém. שֹׁמְרָה.

שָׁמוּר, « gardé ». — C'est le cas contraire du précédent : la première voyelle tombera : שְׁמוּרָה.

יָשָׁר, « juste ». — Les deux voyelles sont moyennes et donc permutables : devant la désinence accentuée, le deuxième qâmeṣ se maintiendra, comme prétonique : יְשָׁרָה.

Dans le cas d'une gutturale, le šᵉwâ' composé remplace le šᵉwâ' simple : חָכָם, « sage », fém. חֲכָמָה.

III. — LE NOMBRE

35. — Il y a *trois nombres* en hébreu : le singulier, le pluriel et le duel.

Le pluriel masculin est communément en ִים (ou défectivement ִם), et *le pluriel féminin* en וֹת (ou défectivement ֹת).

Cette règle n'est pas rigoureuse : on trouve des masculins en וֹת, ainsi אָבוֹת, pl. de אָב, « père », et des féminins en ־ִים, ainsi תְּאֵנָה, « figue, figuier » fait au pl. תְּאֵנִים. Quelques noms ont les deux finales : שָׁנָה, « l'année », pl. שָׁנִים et שָׁנוֹת (poétique). Certains mots ne sont employés qu'au pluriel, tout en gardant le sens du singulier : ce sont des noms abstraits : מֵישָׁרִים, « droiture », ou des concrets, qu'on suppose composés d'une multiplicité d'éléments : פָּנִים, « la face ».

Le duel n'existe que chez les substantifs. Il s'emploie pour les choses qui vont par paire : les pieds, les ailes, les dents (deux rangées de dents)... Ces mêmes choses peuvent être désignées au pluriel, si elles sont entendues métaphoriquement : ainsi les cornes au sens du sommet d'une montagne ou comme symbole de puissance. — Le duel masculin a pour finale ־ַיִם. Dans les noms féminins, l'ancien ת, signe du féminin en sémitique, se maintient devant la finale ־ַיִם, d'où ־ָתַיִם.

Les désinences du pluriel et du duel s'ajoutent au radical de la même manière que la désinence du féminin. On a donc :

36. — Noms masculins.

a) Avec les noms à voyelles impermutables : סוּס, pluriel סוּסִים ; מַטְמוֹן, « trésor », pl. מַטְמוֹנִים. Le duel de ces noms serait, s'il était usité, סוּסַיִם, מַטְמוֹנַיִם.

b) Avec les noms à voyelles permutables :

שֹׁמֶר,	pluriel שֹׁמְרִים,	duel (inusité) שֹׁמְרַיִם
שָׁמוּר,	» שְׁמוּרִים,	» » שְׁמוּרַיִם
יָשָׁר,	» יְשָׁרִים,	» » יְשָׁרַיִם
חָכָם,	» חֲכָמִים,	» » חֲכָמַיִם

37. Noms féminins.

Le pluriel féminin est caractérisé par la désinence accentuée וֹת. Comme les changements de voyelles du radical ont été faits en vue de l'addition de la désinence accentuée ־ָה on n'a qu'à substituer à celle du singulier la désinence du pluriel. On a donc :

a) Avec les noms à voyelles impermutables : סוּסָה, pl. סוּסוֹת ; אַחֲרוֹנָה, pl. אַחֲרוֹנוֹת.

b) Avec les noms à voyelles permutables :

שֹׁמֵר, » שֹׁמְרוֹת

שָׁמוּר, » שְׁמוּרוֹת

יָשָׁר, » יְשָׁרוֹת

חָכָם, » חֲכָמוֹת

Exercice 11.

1° Quel est le pluriel des noms masculins : גִּבּוֹר, *héros*, et אֶבְיוֹן, *pauvre* ; — des noms féminins : מִצְוָה, *précepte*, צְדָקָה, *justice* ?

2° Former le pluriel masculin, le singulier et le pluriel féminins des mots : צַדִּיק, *juste* ; עִזּוּז, *fort* ; נָבָל *insensé*.

§ IV. — ÉTAT ABSOLU ET ÉTAT CONSTRUIT

38. — Lorsque le nom n'est joint à aucun autre, il est à *l'état qu'on appelle absolu*. Dans le cas contraire, il est à *l'état construit*. Ainsi en est-il dans les exemples suivants : le palais du roi, la loi de Moïse, le temple de Jérusalem, la parole d'Isaïe, l'élu du Seigneur, le vase d'argile. L'état construit suppose donc une relation intime entre deux noms consécutifs, et implique l'idée de possession, d'origine, de lieu, de circonstance, de matière, etc.

Comme l'indique l'expression « état construit », le premier mot est phonétiquement orienté vers le second, et s'appuie sur ce dernier « comme une construction sur sa base ». Cette conception est contraire à celle de nos langues, qui rapportent le deuxième au premier : la parole de Dieu, verbum Dei, ὁ λόγος τοῦ Θεοῦ, God's word.

En conséquence, le premier mot subit des modifications, et d'abord, il perd son accent tonique, ou tout au moins ne garde qu'un ton diminué. En même temps, surviennent des changements dans certaines désinences et dans la vocalisation, qui s'allège, et quelquefois même s'altère quant au timbre.

39. — 1. Au masculin singulier :

Il n'y a de changements que dans les voyelles permutables, surtout â et ê.

â final devient a : דָּם, « sang », דַּם (syllabe fermée atone)

ê — — a : כָּבֵד, « lourd », כְּבַד (même principe).

â et ê prétoniques disparaissent : יָשָׁר, יְשַׁר ; עֵנָב, « raisin », עֲנַב .

la diphtongue ay se contracte en ê : בַּיִת, « maison », בֵּית.

2. Au féminin singulier

La désinence ָה fait place à ַת, où l'on reconnaît l'ancien ת, signe du féminin en sémitique : שֹׁמְרָה, « gardienne », שֹׁמְרַת.

Les moyennes prétoniques â, ê tombent tout comme au masculin : תּוֹעֵבָה, « abomination », תּוֹעֲבַת.

L'a bref primitif antéprétonique tombe : יְשָׁרָה (pour yašarah), יִשְׁרַת. Le *hirèq* bref se substituant au premier ְ šᵉ

3. Au féminin pluriel :

La finale reste inchangée, mais on retrouve les mêmes modifications vocaliques que partout ailleurs : שֹׁמְרוֹת ; תּוֹעֲבוֹת ; יִשְׁרוֹת.

4. Au duel masculin et féminin :

Dans les noms masculins, le ם final tombe, et *ay* se contracte en *ê* : אָזְנַיִם, « les oreilles », אָזְנֵי.

Dans les noms féminins, le duel absolu se forme par l'addition de la désinence ־ַיִם (la même que pour le masculin), à la désinence ־ַת du féminin construit. On obtient ainsi une première forme théorique* צְדְקַתַיִם. Mais une syllabe ne peut commencer par une voyelle, il faut donc que le ת de la syllabe קַת se détache de cette syllabe pour devenir la consonne initiale de la syllabe finale תַיִם (צְדְקַ־תַיִם). Mais en détachant le ת de la syllabe fermée קַת, on transforme celle-ci en une syllabe ouverte קָ dont la voyelle s'allonge. On a donc finalement צִדְקָתַיִם. L'addition de cette désinence n'amène aucun nouveau changement de voyelles dans le radical proprement dit. Pour former l'état construit, on change, comme pour le masculin, ־ַיִם en ־ֵי, et on supprime la voyelle qui précède : צִדְקֹתֵי,

40. Tableau des **formes les plus ordinaires de la flexion du nom.** cf., PARADIOMES XVIII. - XXIV.

MASC.	**sing. abs.**	סוּס	שָׁמוּר	שֹׁמֵר	יָשָׁר	חָכָם
	const.	סוּס	שְׁמוּר	שֹׁמֵר	יְשַׁר	חֲכַם
	plur. abs.	סוּסִים	שְׁמוּרִים	שֹׁמְרִים	יְשָׁרִים	חֲכָמִים
	const.	סוּסֵי	שְׁמוּרֵי	שֹׁמְרֵי	יִשְׁרֵי	חַכְמֵי
	duel abs.	סוּסַיִם				
	const.	סוּסֵי				
FÉM.	**sing. abs.**	סוּסָה	שְׁמוּרָה	שֹׁמְרָה	יְשָׁרָה	חֲכָמָה
	const.	סוּסַת	שְׁמוּרַת	שֹׁמְרַת	יִשְׁרַת	חַכְמַת
	plur. abs.	סוּסוֹת	שְׁמוּרוֹת	שֹׁמְרוֹת	יְשָׁרוֹת	חֲכָמוֹת
	const.	סוּסוֹת	שְׁמוּרוֹת	שֹׁמְרוֹת	יִשְׁרוֹת	חַכְמוֹת
	duel abs.	סוּסָתַיִם				
	const.	סוּסָתֵי				
		1 impermut.	1re permut.	2e permut.	deux permut.	deux permut avec guttur.

Explication.

La voyelle de סוּס est longue : elle est donc impermutable. — Dans שָׁמוּר, û est pour la même raison impermutable ; â, voyelle moyenne prétonique, est permutable — L'ô de שֹׁמֵר est long, bien que défectivement écrit. Il vient en effet d'un â long primitif : il est donc impermutable. Au contraire, l'ê moyen — יָשָׁר a deux â moyens, donc primitivement brefs. Dans יְשַׁר, יְשָׁרִים, יְשָׁרָה, יְשָׁרוֹת, c'est le prétonique qui tombe. Dans יִשְׁרֵי, יִשְׁרַת, יְשָׁרוֹת, c'est le tonique primitif qui disparaît, et le précédent devient un i (32) חָכָם suit les règles de יָשָׁר, sauf le š^{e}wâ' composé.

Exercice 12

Flexion nominale. — Former l'état construit du singulier masculin, l'état absolu et l'état construit du pluriel et du duel masculin, l'état absolu et l'état construit du singulier, du pluriel et du duel féminin, pour les mots suivants : לָבָן, *blanc;* גָּדוֹל, *grand;* כּוֹשֵׁל, *débile;* יָחִיד, *unique;* חָמוּד, *désiré;* עָקָר, *stérile.*

Exercice 13

Version : עֲפַר[1] אֶרֶץ : נְבִיאֵי[2] אֱלֹהִים[3] : בְּתוּלוֹת[4] יְרִיחוֹ : קְדוֹשֵׁי[6] אֵל[7] : גִּבּוֹרֵי[8] כְּנַעַן[9] : כֹּהֲנִים[10] שֹׁמְרֵי מִשְׁפָּט[11] :

1. Nous n'indiquons pas la racine quand il est facile de reconnaître les consonnes qui la composent ; dans le lexique, la racine sera le plus souvent un verbe, mais en descendant la colonne on trouvera les noms dérivés — 2. R. נבא — 3. chercher אֱלוֹהַּ — 4. R. בתל — 5. *Jéricho* — 6. R. קדשׁ — 7. R. אול — 8. R. גבר — 9. *Canaan* — 10. R. כהן — 11. R. שׁפט.

Exercice 14

Thème. — Paroles[1] de Dieu[2], précieuses[3], pures[4], douces[5]. — Loi[6] de Yahweh[7], sage[8], parfaite[9]. — Préceptes[10] de Dieu[2], droits[11], justes[12], bons[13]. — Ennemis[14] de David[15], impies[16], insensés[17].

1. R. דבר — 2. אֱלֹהִים — 3 R. יקר· L'adjectif s'accorde en genre et en nombre avec le substantif qu'il qualifie ; mais il se met à l'état absolu, même quand le nom qu'il qualifie est à l'état construit — 4. R. טהר — 5. R. מתק — 6. R. ירה — 7. יְהוָה — 8. R. חכם — 9. R. תמם — 10. R. פקד — 11. R. ישר — 12. R. צדק — 13. R. טוב — 14. R. איב — 15. דָּוִד — 16. R. רשע — 17. R. נבל.

§ V. — LES NOMS SÉGOLÉS

41. — On appelle ainsi des noms généralement trilittères qui dans leur forme biblique, ont *un s^eg^hôl sous leur deuxième consonne :* מֶלֶךְ, « roi » ; סֵפֶר, « livre » ; קֹדֶשׁ, « sainteté ». Dans leur état primitif, ils n'avaient qu'une seule voyelle, placée sous la première consonne : *malk*, *sip^hr*, *qodš*. Le ton, qui était naturellement sur cette voyelle, s'y est maintenu, en dépit des altérations qu'elle a subies : מֶ֫לֶךְ, סֵ֫פֶר, קֹ֫דֶשׁ. Le s^eg^hôl s'est introduit, à titre de voyelle auxiliaire, d'abord dans la forme *sip^hr*, à cause de l'étroite parenté de i et de è. De là il a pénétré dans les autres formes.

42. — La nature de la voyelle primitive permet de classer les noms ségolés en *trois catégories principales*, que par référence au schème conventionnel *qṭl*, on appelle qaṭl, qiṭl et qoṭl, selon la qualité de leur voyelle primitive.

1° *Type qaṭl :* ex. מֶ֫לֶךְ.

Le singulier absolu est מֶ֫לֶךְ, et l'état construit lui est semblable, le ton empêchant la chute de la première voyelle, et, par voie de conséquence, de la seconde.

Le pluriel absolu est מְלָכִים. Cette forme se rencontre avec celle des noms du type יָשָׁר (יְשָׁרִים), mais elle a suivi une voie différente, puisque le qâmèṣ vient du s^eg^hôl auxiliaire du singulier : è > œ > â. Au pluriel construit, la voyelle primitive caractéristique de la classe a été gardée : מַלְכֵי.

2° *Type qiṭl :* ex. סֵפֶר.

On a au singulier absolu et construit סֵפֶר ; au pl. abs. סְפָרִים, et constr. סִפְרֵי.

3° *Type qoṭl* (ou quṭl) : ex. קֹדֶשׁ.

Au sing. abs. et constr. קֹדֶשׁ ; au pl. abs. קֳדָשִׁים (ou קָדָשִׁים), et constr. קָדְשֵׁי.

43. — La voyelle primitive de chaque classe réapparaît encore dans les *noms féminins :* נֶפֶשׁ, « âme » (qaṭl) ; מַלְכָּה, « reine » (qaṭl) ; צִדְקָה, « justice » (qiṭl) ; חָרְבָּה, « ruine » (qoṭl). Il en va de même au duel : רֶגֶל, « pied » (qaṭl) ; בֶּרֶךְ, « genou » (qiṭl) ; אֹזֶן, « oreille ». Elle réapparaît aussi devant les pronoms suffixes (**57, 60**).

44. — On compte d'*autres variétés de noms ségolés*, qui rentrent d'ailleurs dans les trois catégories étudiées ci-dessus. Les principales sont celles dans lesquelles les deuxième ou troisième consonnes sont des gutturales, ou bien les demi-consonnes י et ו.

Exemples du premier cas : נַעַר, « jeune homme » (qaṭl) ; פֶּשַׁע, « transgression » (qiṭl) ; פֹּעַל, « œuvre » (qoṭl). Comme on le voit, le patʰaḥ vient alors remplacer le second sᵉgʰôl, sinon le premier.

Exemples du deuxième cas : מָוֶת, et. constr. מוֹת (avec contraction), « la mort » (qaṭl) ; אֲרִי, « lion » (qaṭl) ; חֶדְוָה, « joie » (qiṭl) ; חֳלִי, « maladie », (qoṭl).

45. — Tableau des principales formes ségolées.

I. Ségolés ordinaires, masculins ou féminins.

SING. **abs.**	מֶלֶךְ	נֶפֶשׁ	סֵפֶר	קֹדֶשׁ	
const.	מֶלֶךְ	נֶפֶשׁ	סֵפֶר	קֹדֶשׁ	
PLUR. **abs.**	מְלָכִים	נְפָשׁוֹת	סְפָרִים	קֳדָשִׁים	(קָדָשִׁים)
const.	מַלְכֵי	נַפְשׁוֹת	סִפְרֵי	קָדְשֵׁי	
SING. **abs.**	רֶגֶל	בֶּרֶךְ	אֹזֶן		
const.	רֶגֶל	בֶּרֶךְ	אֹזֶן		
DUEL **abs.**	רַגְלַיִם	בִּרְכַּיִם	אָזְנַיִם		
const.	רַגְלֵי	בִּרְכֵּי	אָזְנֵי		

II. Ségolés gutturaux.

SING. **abs.**	נַעַר	פֶּשַׁע	פֹּעַל
const.	נַעַר	פֶּשַׁע	פֹּעַל
PLUR. **abs.**	נְעָרִים	פְּשָׁעִים	פְּעָלִים
const.	נַעֲרֵי	פִּשְׁעֵי	פָּעֳלֵי

III. Ségolés à terminaison féminine.

SING. **abs.**	מַלְכָּה	צִדְקָה	חָרְבָּה
const.	מַלְכַּת	צִדְקַת	חָרְבַּת
PLUR. **abs.**	מְלָכוֹת	צְדָקוֹת	חֳרָבוֹת
const.	מַלְכוֹת	צִדְקוֹת	חָרְבוֹת

Exercice 15.

FLEXION DES SÉGOLÉS. — Former l'état absolu et construit du pluriel pour les mots suivants : חֶסֶד, « grâce » (qaṭl masc.); חֶרֶב, « glaive » (qaṭl fém.); מֵצַח, « front » (qiṭl fém.); אֹהֶל, « tente » (qoṭl masc.) ; שִׂמְחָה, « joie ».

Exercice 16.

Version : אֶרֶץ יִשְׂרָאֵל : מַלְכֵי יְהוּדָה¹ : דַּרְכֵי צַדִּיק² יְשָׁרִים : סֵפֶר תּוֹרַת³ מֹשֶׁה⁴ : כֹּהֲנִים בַּעֲלֵי מִשְׁפָּט⁵ :

1. *Juda* — 2. R. צדק — 3. R. ירה — 4. *Moïse* — 5. R. שׁפט.

Exercice 17.

Thème. — La richesse[1] de Salomon[2]. — La sagesse[3] des scribes[4]. — Les âmes[5] des justes[6]. — Les portes[7] de Jérusalem[8]. — Le salut[9] d'Israël[10].

1. R. עשׁר - 2. שְׁלֹמֹה — 3. R. חכם — 4. סֹפֵר — 5. נֶפֶשׁ — 6. R. ישׁר — 7. R. פתח — 8. יְרוּשָׁלַיִם — 9. R. ישׁע — 10. יִשְׂרָאֵל.

§ VI. — LES NOMS DE NOMBRES (Paradigme XXVI, p. 36*).

46. — Nombres cardinaux.

a) Unités simples, 1-10. — Tous ces noms de nombres ont deux formes : une forme masculine et une forme fémine ; à chacune de ces formes, ils ont un état absolu et un état construit. D'ailleurs, dans le détail de leur flexion, ils s'écartent assez notablement des principes ordinaires de la déclinaison nominale.

Employés à l'état absolu, les noms de nombre sont juxtaposés au nom qu'ils qualifient, à titre d'accusatifs de spécification. Employés à l'état construit, ils sont traités comme de véritables substantifs abstraits dont le nom qualifié serait le complément : שְׁלֹשָׁה בָנִים, *trois fils;* שְׁלֹשֶׁת בָּנִים, *triade d'enfants.*

Tandis que les nombres 1-2 s'accordent en genre avec le nom qualifié, on emploie, pour les nombres 3-10, le féminin avec les noms masculins, le masculin avec les féminins : הֲמִשָּׁה יָמִים, *cinq jours;* חָמֵשׁ אַמּוֹת, *cinq coudées.*

b) Nombres 11-19. — Dans ces nombres composés, 10 prend

les formes עָשָׂר pour le masc., עֶשְׂרֵה pour le fém. L'unité précède toujours le nombre 10. — עָשָׂר est précédé des formes masculines pour 11-12, des formes féminines pour 13-19; עֶשְׂרֵה est précédé des formes féminines pour 11-12, des formes masculines pour 13-19.

עָשָׂר s'emploie avec les noms masculins, עֶשְׂרֵה avec les féminins.

20 est exprimé par le pluriel de עֶשֶׂר, 10 : עֶשְׂרִים. — Les noms de dizaines 30-90 sont exprimés par le pluriel des noms d'unités qui leur correspondent שְׁלֹשִׁים (שְׁלוֹשִׁים) אַרְבָּעִים, חֲמִשִּׁים, שִׁשִּׁים, שִׁבְעִים, שְׁמֹנִים (שְׁמוֹנִים), תִּשְׁעִים. — Ces noms sont toujours à l'état absolu devant les substantifs ; l'état const. n'est usité que devant les pronoms suffixes : חֲמִשָּׁיו, *ses cinq*.

d) Centaines, mille, etc. = 100, מֵאָה (nom fém.), const. מְאַת : מֵאָה שָׁנָה et מְאַת שָׁנָה, *cent ans*. — 200, מָאתַיִם, duel de מֵאָה. — Pour 300-900, on fait précéder le plur. fém. מֵאוֹת du nom masc. d'unités à l'état const. שְׁלֹשׁ מֵאוֹת, *trois cents*.

1000, אֶלֶף (type qatl) : אֶלֶף כֶּסֶף *mille pièces d'argent*.

2000, אַלְפַּיִם (duel), toujours à l'ét. abs. : אַלְפַּיִם אַמָּה, *deux mille coudées*.

Pour 3000-9000, on fait précéder le plur. masc. abs. אֲלָפִים ou const. אַלְפֵי, du nom fémin. d'unités à l'état const. (l'état abs. est très exceptionnel pour le nom d'unités) שְׁלֹשֶׁת אֲלָפִים אִישׁ et שְׁלֹשֶׁת אַלְפֵי אִישׁ, *trois mille hommes*.

10000, עֲשֶׂרֶת אֲלָפִים, עֲשָׂרָה אֲלָפִים.

On emploie aussi dans le sens précis de 10000 et pour les multiples, les mots רְבָבָה (plur. רְבָבוֹת, const. רִבְבוֹת) (רְבָבוֹת), et רִבּוֹ (ou רִבּוֹא ; duel רִבֹּתַיִם, plur. רִבּוֹת, רִבֹּאוֹת)

qui, d'une manière plus générale, expriment l'idée de myriade : רְבָבָה, *dix mille;* שְׁתֵּי רִבּוֹא, *vingt mille ;* שֵׁשׁ־רִבֹּאוֹת וָאֶלֶף, *soixante et un mille.*

47. — Nombres ordinaux. — Il n'y a de formes spéciales que pour les nombres ordinaux 1er-10e ; pour les autres nombres on emploie le cardinal ; même on l'emploie assez souvent pour les nombres 1er-10e. — 1er se rend par רִאשׁוֹן, plur. רִאשׁוֹנִים ; fém. רִאשׁוֹנָה, רִאשׁוֹנוֹת. — 2e se dit שֵׁנִי, plur. שֵׁנִים ; fém. שֵׁנִית.

Pour les nombres 3e-10e, on introduit entre la 2e et la 3e radicale du nombre cardinal une voyelle î long, pleinement ou défectivement écrite, et l'on ajoute à la 3e radicale l'afformante î long : שְׁלִישִׁי, רְבִיעִי, חֲמִישִׁי, etc.

§ VII. — L'ARTICLE

48. — L'article, en hébreu, s'exprime par la lettre הַ ponctuée a bref, et amène le redoublement de la lettre suivante, qui prend le dâgʰêš fort. Ex. דָּבָר, *parole;* הַדָּבָר, *la parole.*

Ces divers éléments ne sont pas toujours présents : le הַ est élidé lorsqu'il est précédé d'une des prépositions בְּ, כְּ, לְ (**50**); — le patʰaḥ cède quelquefois la place à un sᵉgʰôl devant les gutturales : הֶעָרִים, « les villes » ; — avec les gutturales le redoublement disparaît la plupart du temps. En ce cas, la syllabe de l'article restant ouverte, le patʰaḥ s'allonge en qâmêṣ : הָאִישׁ, « l'homme », הָרֹאשׁ, « la tête » (**26** *b*). Dans les autres cas, il y a redoublement virtuel. La présence de ce redoublement virtuel se traduit par la permanence de la voyelle brève sous le הּ de l'article : הַהֵיכָל, « le temple » (**26** *b*). Il y a aussi redoublement virtuel quand le nom commence par un yod ponctué šᵉwâ' : הַיְאֹר, « le fleuve ». Il en est parfois de même avec ל, מ, נ, ס, צ.

Exercice 18.

VERSION. — Vocaliser, s'il y a lieu, l'article des mots suivants et les traduire.

האָב — ההֶבֶל[1] — החָג[2] — העָנִי[3] — הקֹּדֶשׁ — הצְּמָדִים — הרִאשׁוֹן[4] — הרֹב[5] — הצַּדִּיק[6] — ההֵיכָל — ההָדָר — הנְּבִיאָה[7] — האֶבְיוֹן[8] — ההֵשֶׁק — החֹשֶׁן — החֳדָשִׁים — ההוֹן — הדֶּרֶךְ — הסֵּפֶר — הקּוֹל — הרְפָאִים — הכְּסִילִים[9] — המְשָׁלִים — החֲכָמִים — הנְּסִיכִים[10] — העַתּוּדִים[11] — הפְּלֵטִים — הילָדִים :

1. L'accent est d'ordinaire sur la dernière syllabe; quand il est sur une autre syllabe, comme dans ce mot הֶ֫בֶל, un signe particulier ˂ indique la syllabe tonique. — 2. R. חגג — 3. R. ענה — 4. R. ראשׁ — 5. R. רבב — 6. R. צדק — 7. R. נבא — 8. R. אבה — 9. R. כסל — 10. R. נסך — 11. R. עתד.

§ VIII. — LES PARTICULES

49. — Des particules ב, כ et ל. — Il n'y a pas de cas en hébreu; l'état construit supplée au génitif; pour les autres cas, on se sert de diverses particules, que l'on place devant le mot à déterminer. Les premières de ces particules « casuelles » sont ב et ל. Le ל est dit le signe du datif; il équivaut aux prépositions « à », « vers ». Le ב est dit le signe de l'ablatif, et équivaut à la préposition latine *in:* « à, dans, par », etc. A ces deux particules on joint, à raison d'affinités grammaticales, la particule כ; c'est un signe de comparaison qui équivaut au latin *sicut:* « comme », « autant que ».

Ces trois particules, qui ne sont jamais séparées du nom qu'elles précèdent, sont régulièrement ponctuées šᵉwâ' simple : בְּדָבָר, « par une parole »; כְּדָבָר, « comme une parole », לְדָבָר, « à une parole ». C'est ce qu'on appelle la vocalisation faible.

Lorsque la première lettre du mot auquel on les unit a déjà un šᵉwâ' simple, les préfixes doivent prendre une voyelle auxiliaire (**32**); c'est la voyelle i bref : בִּדְבַר אֱלֹהִים, « par une parole de Dieu »; כִּדְבַר אֱלֹהִים, « comme une parole de Dieu » ; לִדְבַר אֱלֹהִים, « à une parole de Dieu ». — Toutefois quand la première lettre du mot est un י, בְּיְ, כְּיְ, לְיְ donnent בִּי, כִּי; לִי. Ex. : בִּיהוּדָה pour בְּיְהוּדָה, « en Juda ».

Lorsque la première lettre du mot est une gutturale munie d'un šᵉwâ' composé, la particule prend comme auxiliaire la voyelle qui entre dans la composition de ce šᵉwâ' : בַּחֲלוֹם, « en songe ».

50. — La vocalisation forte est le qâmèṣ moyen. Il vient de ce que la forme primitive des particules כְּ et לְ était « ka » et « la ». Par analogie, on a traité de la même façon בְּ, dont la forme primitive était « bi ». On trouve normalement la vocalisation forte devant les noms monosyllabiques accentués : לָדִין, « pour juger »; בָּכֶם, « en vous », לָנֶצַח, « pour jamais » (monosyllabe au sens large : **41**).

51. — Lorsqu'on place les particules en question devant un mot qui a l'article, le ה de l'article est syncopé, et la voyelle est celle que devrait avoir l'article : בַּדָּבָר pour בְּהַדָּבָר; כָּאִישׁ pour כְּהָאִישׁ; לַחֹדֶשׁ pour לְהַחֹדֶשׁ.

Exercice 19.

Version. — Traduire, après avoir vocalisé l'article et les particules :

בראשִׁית[1] הָיָה[2] הדָּבָר : אָמַר האִישׁ לאֲבִי[3] שִׁמְעוֹן[4] :
בדְבַר אֱלֹהִים נִבְרְאוּ[5] השָּׁמַיִם[6] : ליַהְוֶה[7] מַלְכוּת[8] בשָּׁמַיִם
ועַל[9] האָרֶץ : מֶלֶךְ באֱדֹם[10] בֶּלַע[11] בֶּן[12]-בְּעוֹר[13] : יִישַׁן[14]
הצַּדִּיק[15] לבֶטַח :

1. R. ראשׁ — 2. *fut* — 3. ét. constr. sing. irrégulier de אָב — 4. *Siméon* — 5. *furent créées* — 6. R. שׁמה — 7. vocalisation probable du nom divin *Yahweh* — 8. R. מלך — 9. *et sur* — 10. *Edom* — 11. *Béla* — 12. R. בנה — 13. *Beor* — 14. *dort* — 15. R. צדק.

52. — De la particule מִן. — La particule מִן signifie l'origine, l'éloignement, la différence. Souvent elle a le sens partitif (une chose prise parmi les autres), et même le sens comparatif (la différence en plus).

La particule מִן peut se rencontrer isolée devant le nom qu'elle gouverne : מִן הֶהָרִים, « (venant) des montagnes », mais plus souvent elle s'unit à lui. Le nun s'assimile alors à la première lettre du nom, qui se redouble : מִקֶּדֶם, « de l'orient » (**24** *b*). Devant une consonne qui ne se redouble pas, le ḥirêq s'allonge en ṣêrê (**26** *b*) : מֵהָעִיר, « de la ville »; si elle prend le redoublement virtuel, la ponctuation reste inchangée (**26** *a*) : מִיְאֹר, « d'un fleuve ».

53. — Le signe de l'accusatif (אֵת). — Le complément objet d'un verbe est normalement précédé de אֵת, dès lors qu'il est déterminé : « Il bâtit la maison » בָּנָה אֵת הַבַּיִת; « Il bâtit une maison » בָּנָה בַּיִת. Si אֵת est uni par le maqqepʰ au mot suivant, le ṣêrê s'abrège en sᵉgʰôl (**18**) : אֶת־הַבַּיִת.

L'état primitif de אֵת était « 'atʰ ». On s'explique ainsi que devant les suffixes (**56** ss.), cette particule prenne la forme אוֹת ou אֹת, à la différence d'une autre particule semblable, signifiant « avec », et qui, devant les suffixes, devient « 'itt ».

54. — Le ה interrogatif. — L'interrogation simple *est-ce que* s'exprime par la particule inséparable הֲ, que seule la ponctuation peut, en certains cas, distinguer de l'article. Normalement, elle est ponctuée ֲ : הֲשֹׁמֵר, « est-ce que le gardien...? » Devant une consonne munie d'un šᵉwâ' simple ou composé, elle prend la voyelle a : הַלְמַעַנְךָ, « est-ce qu'à cause de toi? » Il en va de même devant les gutturales, à moins qu'elles ne soient ponctuées qâmèṣ, auquel cas la voyelle de la particule devient sᵉgʰôl : הַעֵת, « est-ce que le temps? »; הֶאָנֹכִי, « est-ce que moi? »

55. — La conjonction וְ. — Elle s'unit elle aussi au mot suivant, et comme les prépositions בְּ, כְּ, לְ, elle est susceptible d'une vocalisation tantôt faible, tantôt forte : on dira donc וְאִישׁ, « et un homme »; וִיהוּדָה, « et Juda »; וַחֲרָדָה, « et l'effroi »; וֶאֱדוֹם, « et Edom »; וַחֳרָבוֹת, « et des ruines »; — וָדִין, « et un jugement ».

Mais de plus, comme le ו est une consonne vocalique labiale, il prend la voyelle û devant un šᵉwâ' et devant une autre labiale : וּדְבַר אֱלֹהִים, « et la parole de Dieu »; וּמוֹפֵת, « et un prodige ».

Exercice 20.

Version. — Traduire après avoir vocalisé l'article et les particules :

מצִיּוֹן[1] ומַהֵר אֱלֹהִים תֵּצֵא[2] תוֹרָה[3] : מצָּפוֹן[4] ומנֶּגֶב
מקֶּדֶם ומאָחוֹר[5] יָבֹאוּ[6] הגּוֹיִם[7] : סוּסִים ופְרָדִים וחֲמוֹרִים[8]
יִלָּכְדוּ[9] במִלְחָמָה[10] : טוֹב אוֹר מחֹשֶׁךְ : הָיָה יִשְׂרָאֵל[11]
עַם[12] גָּדוֹל[13] ועָצוּם[14] ממוֹאָב[15] ומאֱדֹם[16] :

1. *Sion* — 2. *sortira* — 3. R. ירה — 4. R. צפן — 5. R. אחר — 6. *viendront* — 7. R. גוה — 8. R. חמר — 9. *seront pris* — 10. R. לחם — 11. *Israël* — 12. R. עמם — 13. R. גדל — 14. R. עצם — 15. *Moab* — 16. *Edom*.

Exercice 21.

Version et exercice de vocalisation.

האִישׁ הטּוֹב יִשְׁמַע[1] את־דבר אֱלֹהִים : בַּחֹדֶשׁ הרִאשׁוֹן[2]
אֶקְרָא[3] את סִפְרֵי עִבְרִיִּים[4] : בעֶרֶב הָיָה פֶּסַח לַיהוָה[5] :
וַיֶּאֱהַב[6] המֶּלֶךְ את־יְהוּדִית[7] מכָּל[8]־הבְּתוּלוֹת[9] : בלְחִי[10]
החֲמוֹר[11] הָרַג שִׁמְשׁוֹן[12] את האוֹיֵב[13] : נָתַן העֶבֶד את
הבָּשָׂר בכְלִי[14] נְחֹשֶׁת[15] : זָבַח הכֹּהֵן זֶבַח : יָשַׁב לוֹט[16] בהָר :

1. *entend* — 2. R. ראש — 3. *je lirai* — 4. *les Hébreux* — 5. *Yahweh* — 6. *aimait* — 7. *Judith* — 8. כָּל־ (*kol*), R. כלל — 9. R. בתל — 10. R. לחה — 11. R. חמר — 12. *Samson* — 13. R. איב — 14. R. כלה — 15. נחש — 16. *Lot*.

Exercice 22.

Version et exercice de vocalisation.

מהאֹכֵל[1] יָצָא מַאֲכָל וּמֵעַז[2] יָצָא מָתוֹק[3] : מֵעָנָן יָצָא קוֹל
יַהְוֶה לְנָבִיא[4] : חָכָם שְׁלֹמֹה[5] מִכָּל[6]־אָדָם : לֹא[7] הָיָה אֱלֹהִים
כְּאִישׁ נָבָל וּפְתִי[8] : מִכְתָּב אֲשֶׁר[9] כָּתַב דָּוִיד[10] : מִגְדָּל אֲשֶׁר[9]
בָּנָה חִזְקִיָּהוּ[11] : מִסְפַּר כּוֹכָבִים רָב[12] : מַלְאָךְ אֲשֶׁר[9] שָׁלַח
אֱלֹהִים מִשָּׁמַיִם[13] דִּבֵּר[14] לִבְתוּלוֹת[15] יְרוּשָׁלַיִם[16] :

1. Participe actif de אכל — 2. R. עזז — 3. R. מתק — 4. R. נבא — 5. *Salomon* — 6. כָּל־ (*kol*) R. כלל — 7. négation, *ne... pas* — 8. R. פתה — 9. relatif invariable, *qui, que* — 10. *David* — 11. *Ezéchias* — 12. R. רבב — 13. R. שמה — 14. *parla* — 15. R. בתל — 16. *Jérusalem.*

Exercice 23.

Thème. — Josué[1] prit[2] l'argent[3] qui[4] était[5] au roi[6] de Jéricho[7]. — Dans Samarie[8] était[5] l'autel[9] de Baal[10]. — A Yahweh[11] sont[12] les cieux[13] et la terre[14]. — Par l'épée[15] Aod[16] tua[17] Eglon[18]. — Comme la pluie[19] pour le steppe[20], est[5] la voix[21] de Dieu pour le juste[22]. — De Sion[23] Dieu entendit[24] la voix[21] du pauvre[25].

1. יְהוֹשֻׁעַ — 2. לָקַח — 3. R. כסף — 4. אֲשֶׁר — 5. הָיָה; le verbe *être* se supprime souvent dans pareils cas. — 6. R. מלך — 7. יְרִיחוֹ — 8. שֹׁמְרוֹן — 9. R. זבח — 10. בַּ֫עַל — 11. יַהְוֶה — 12. הָיוּ (mais peut se supprimer) — 13. R. שמה — 14. R. ארץ — 15. R. חרב — 16. אֵהוּד — 17. הָרַג — 18. עֶגְלוֹן — 19. R. מטר — 20. R. דבר — 21. R. קול — 22. R. צדק — 23. צִיּוֹן — 24. שָׁמַע — 25. R. אבה.

CHAPITRE V

LES PRONOMS (Paradigme II, p. 3*).

§ I. — LES PRONOMS PERSONNELS

56. — Les pronoms personnels se divisent en deux catégories, selon qu'ils sont *séparés*, c'est-à-dire indépendants, *ou suffixes*. Les premiers jouent ordinairement le rôle de sujet; les seconds sont compléments d'un verbe ou d'un nom, ou même d'une particule : ils se joignent à ces derniers pour ne former avec eux qu'un seul mot.

Voici la liste des pronoms séparés :

1re pers.	comm.	Sing.	אָנֹכִי, אָנֹכִי; ou אֲנִי, אָנִי.
		Plur.	אֲנַחְנוּ, אֲנָחְנוּ; (נַחְנוּ, נָחְנוּ); (אֲנוּ).
2e pers.	masc.	Sing.	אַתָּה (אַתְּ), אָתָּה, אָתָּה.
		Plur.	אַתֶּם.
2e pers.	fém.	Sing.	אַתְּ (אַתִּי, אַתִּי), אָתְּ.
		Plur.	אַתֵּן (אַתֶּן); אַתֵּנָה (אַתֵּנָּה).
3e pers.	masc.	Sing.	הוּא.
		Plur.	הֵם, (הֵם־), הֵמָּה.
3e pers.	fém.	Sing.	הִיא.
		Plur.	(הֵן, הֵן). הֵנָּה.

Remarques. — 1° Les formes mises entre parenthèses sont rarement employées.

2° Certaines formes pronominales, qui diffèrent des autres au moins par la place de l'accent tonique (cf. אָנֹכִי et אָנֹכִי) et souvent par les voyelles (cf. אַתָּה et אָתָּה), s'emploient avec l'Atʰnâḥ, le Sillûq et quelques autres accents.

3° Dans les pronoms de la 2e personne, le redoublement du ת vient d'un נ primitif assimilé. On avait « 'ant », etc. — Les pronoms de la 3e personne sont souvent précédés de l'article, et prennent ainsi le sens d'un démonstratif faible : הַכֹּהֵן הַהוּא « ce prêtre », littéralement « ce même prêtre ».

57. — *Les pronoms suffixes* ressemblent à des débris de pronoms séparés. Il y a très peu de différence entre les suffixes nominaux et les suffixes verbaux. Voici la liste des uns et des autres :

			Suff. du nom	Suff. du verbe
1re PERS.	**comm.**	**Sing.**	ִי	נִי
		Plur.	נוּ	נוּ
2e PERS.	**masc.**	**Sing.**	ךָ	ךָ; (כָה)
		Plur.	כֶם	כֶם
2e PERS.	**fém.**	**Sing.**	ךְ	ךְ; (כִי)
		Plur.	כֶן	—
3e PERS.	**masc.**	**Sing.**	הוּ; (וֹ)	הוּ; ו
		Plur.	הֶם; ָם	ם (poét. מוֹ)
3e PERS.	**fém.**	**Sing.**	הָ; ָה	הָ
		Plur.	הֶן; ָן	ָן

Remarque. — Les suffixes des 2es et 3es personnes pluriel (כֶם et כֶן, הֶם et הֶן), sont nommés *suffixes lourds*, parce qu'ils ont toujours l'accent tonique. Les autres sont dits *légers*. Cependant ךָ peut avoir le ton quand il est précédé d'un šᵉwâ' mobile ou quiescent.

58. — Les règles qui concernent l'**adjonction des suffixes** au verbe seront étudiées plus loin (**83-85**). Voici celles qui concernent les suffixes nominaux.

1° Comme ces derniers sont des compléments déterminatifs, ils s'ajoutent à la forme nominale prise *à l'état construit*, et il en résulte souvent, comme on va le voir ci-dessous, des modifications vocaliques. — Devant tous les suffixes au singulier et les suffixes graves au pluriel, les noms ségolés gardent leur forme primitive : מַלְכִּי, « mon roi »; סִפְרִי, « mon livre »; קָדְשִׁי, « ma sainteté ».

2° Quand le nom se termine par une consonne et que le suffixe commence lui-même par une consonne, on met sous la première une *voyelle* dite *de liaison*. Cette voyelle est toujours â ou ê moyens : סוּסֵךְ, סוּסֵנוּ, סוּסָם, סוּסָן. Il y a exception pour le suffixe de la 2e pers. masc. sing., réuni au mot par un simple šewâ' : סוּסְךָ, mais qui garde en pause sa forme ancienne ךָ ֶ. De même כֶם et כֶן n'admettent pas de voyelle de liaison : סוּסְכֶם, סוּסְכֶן.

59. — Par suite de l'addition du suffixe, *la forme nominale* se trouve souvent *modifiée*.

a) **Nom masculin.**

Au singulier, les noms polysyllabiques à voyelles permutables sont les seuls à subir des modifications. Aux monosyllabiques à voyelle impermutable, on ajoute simplement les suffixes, en choisissant de préférence les formes qui commencent soit par une voyelle, soit par une consonne, selon que le nom se termine par une consonne ou par une voyelle. Ainsi סוּס, סוּסִי, סוּסוֹ, סוּסָהּ, mais פִּי (ét. constr. de פֶּה), « la bouche de » : פִּי (pour פִּיִי), פִּיו et פִּיהוּ, פִּיהָ.

Quant aux noms qui ont une ou plusieurs voyelles permutables, par ex. דָּבָר, ét. constr. דְּבַר, la dernière consonne du mot forme une syllabe avec les suffixes qui commencent par une voyelle. Par suite, la voyelle de l'état construit, se trouvant en syllabe ouverte, s'allonge. On a donc דְּבָרִי, דְּבָרוֹ, דְּבָרָהּ, etc.

Au pluriel et au duel, c'est la voyelle de l'état construit qui fait elle-même la liaison. Tantôt elle reste inchangée (devant tous les suffixes pluriel : סוּסֵינוּ, סוּסֵיכֶם...); tantôt elle retourne à son état primitif « ay » : סוּסַי, סוּסַיִךְ, סוּסָיו,; tantôt elle s'abrège en un seghôl, mais qui porte l'accent tonique : סוּסֶיךָ, סוּסֶיהָ.

Pour tous les noms du type דָּבָר, il faut distinguer le cas des suffixes légers et celui des suffixes graves. Dans la première hypothèse, les consonnes sont celles de l'état construit, mais elles sont vocalisées comme à l'état absolu, parce que l'accent tonique ne change pas : דְּבָרַי, דְּבָרֶיךָ, comme דְּבָרִים. Il en va autrement avec les suffixes lourds, puisqu'ils attirent à eux l'accent tonique : on les joint aux consonnes du mot, vocalisées comme à l'état construit : דִּבְרֵיכֶם, דִּבְרֵיכֶן.

b) **Nom féminin.**

Au singulier, la désinence d'état construit étant ־ַת, le nom se termine toujours par une consonne. On la fait donc suivre d'une voyelle de liaison, sauf quand il s'agit des suffixes graves. L'a bref de l'état construit s'allonge, puisqu'il se trouve en syllabe ouverte : סוּסָתִי; צִדְקָתִי « ma justice ».

Au pluriel, on part de l'état construit, et on lui ajoute les désinences ־ַי, ־ֵי, ־ֶי, comme ci-dessus : סוּסוֹתַי, צִדְקוֹתַי.

60. — Les prépositions (Paradigme XXV, p. 34*) prennent les suffixes du nom : לִי, « à moi »; בָּכֶם, « en vous »; מֵהֶם, « d'eux ». Plusieurs d'entre elles prennent devant le suffixe une désinence apparente d'état construit pluriel : ainsi עַל (d'une racine עלי) : עָלָיו « sur lui »; עַד (de עדי) : עֲדֵיכֶם, « jusqu'à vous »; אֶל (de אלי) : אֵלֶיךָ, « vers toi ». De même אַחַר, « après », תַּחַת, « sous », etc.

61. — Adjonction des suffixes au nom.

Nom masculin.

סוּס, « cheval ».

		SINGULIER	PLURIEL
SING.	1re p. com.	סוּסִי, *mon cheval*	סוּסַי, *mes chevaux*
	2e p. masc.	סוּסְךָ, *ton* —	סוּסֶיךָ, *tes* —
	fém.	סוּסֵךְ, *ton* —	סוּסַיִךְ, *tes* —
	3e p. masc.	סוּסוֹ, *son* —	סוּסָיו, *ses* —
	fém.	סוּסָהּ, *son* —	סוּסֶיהָ, *ses* —

		SINGULIER		PLURIEL	
PLUR.	1re p. com.	סוּסֵ֫נוּ, *notre*	—	סוּסֵ֫ינוּ, *nos*	—
	2e p. masc.	סוּסְכֶם, *votre*	—	סוּסֵיכֶם, *vos*	—
	fém.	סוּסְכֶן, *votre*	—	סוּסֵיכֶן, *vos*	—
	3e p. masc.	סוּסָם, *leur*	—	סוּסֵיהֶם, *leurs*	—
	fém.	סוּסָן, *leur*	—	סוּסֵיהֶן, *leurs*	—

דָּבָר, « parole ».

		SINGULIER		PLURIEL	
SINGULIER.	1re p. com.	דְּבָרִי, *ma*	*parole*	דְּבָרַי, *mes*	*paroles*
	2e p. masc.	דְּבָרְךָ, *ta*	—	דְּבָרֶ֫יךָ, *tes*	—
	fém.	דְּבָרֵךְ, *ta*	—	דְּבָרַיִךְ, *tes*	—
	3e p. masc.	דְּבָרוֹ, *sa*	—	דְּבָרָיו, *ses*	—
	fém.	דְּבָרָהּ, *sa*	—	דְּבָרֶ֫יהָ, *ses*	—
PLURIEL.	1re p. com.	דְּבָרֵ֫נוּ, *notre*	—	דְּבָרֵ֫ינוּ, *nos*	—
	2e p. masc.	דְּבַרְכֶם, *votre*	—	דִּבְרֵיכֶם, *vos*	—
	fém.	דְּבַרְכֶן, *votre*	—	דִּבְרֵיכֶן, *vos*	—
	3e p. masc.	דְּבָרָם, *leur*	—	דִּבְרֵיהֶם, *leurs*	—
	fém.	דְּבָרָן, *leur*	—	דִּבְרֵיהֶן, *leurs*	—

מֶלֶךְ, « *roi* ».

		SINGULIER.		PLURIEL.	
SINGULIER	1re p. com.	מַלְכִּי, *mon*	*roi*	מְלָכַי, *mes*	*rois*
	2e p. masc.	מַלְכְּךָ, *ton*	—	מְלָכֶ֫יךָ, *tes*	—
	fém.	מַלְכֵּךְ, *ton*	—	מְלָכַיִךְ, *tes*	—
	3e p. masc.	מַלְכּוֹ, *son*	—	מְלָכָיו, *ses*	—
	fém.	מַלְכָּהּ, *son*	—	מְלָכֶ֫יהָ, *ses*	—

		SINGULIER	PLURIEL
PLURIEL	1re p. com.	מַלְכֵּנוּ, *notre* —	מְלָכֵינוּ, *nos* —
	2e p. masc.	מַלְכְּכֶם, *votre* —	מַלְכֵיכֶם, *vos* —
	fém.	מַלְכְּכֶן. *votre* —	מַלְכֵיכֶן, *vos* —
	3e p. masc.	מַלְכָּם, *leur* —	מַלְכֵיהֶם, *leurs* —
	fém.	מַלְכָּן, *leur* —	מַלְכֵיהֶן, *leurs* —

Nom féminin.

סוּסָה, « jument ».

SING.	1re p. com.	סוּסָתִי, *ma* —	סוּסוֹתַי, *mes* —
	2e p. masc.	סוּסָתְךָ, *ta* —	סוּסוֹתֶיךָ, *tes* —
	fém.	סוּסָתֵךְ, *ta* —	סוּסוֹתַיִךְ, *tes* —
	3e p. masc.	סוּסָתוֹ, *sa* —	סוּסוֹתָיו, *ses* —
	fém.	סוּסָתָהּ, *sa* —	סוּסוֹתֶיהָ, *ses* —
PLUR.	1re p. com.	סוּסָתֵנוּ, *notre* —	סוּסוֹתֵינוּ, *nos* —
	2e p. masc.	סוּסַתְכֶם, *votre* —	סוּסוֹתֵיכֶם, *vos* —
	fém.	סוּסַתְכֶן, *votre* —	סוּסוֹתֵיכֶן, *vos* —
	3e p. masc.	סוּסָתָם, *leur* —	סוּסוֹתֵיהֶם, *leurs* —
	fém.	סוּסָתָן, *leur* —	סוּסוֹתֵיהֶן, *leurs* —

צְדָקָה, « *justice* ».

SINGULIER

1re p. com.	צִדְקָתִי, *ma justice*	צִדְקוֹתַי, *mes justices*
2e p. masc.	צִדְקָתְךָ, *ta* —	צִדְקוֹתֶיךָ, *tes* —
fém.	צִדְקָתֵךְ, *ta* —	צִדְקוֹתַיִךְ, *tes* —
3e p. masc.	צִדְקָתוֹ, *sa* —	צִדְקוֹתָיו, *ses* —
fém.	צִדְקָתָהּ, *sa* —	צִדְקוֹתֶיהָ, *ses* —

PLURIEL

1re p. com.	צִדְקָתֵנוּ, *notre* —	צִדְקוֹתֵינוּ, *nos* —
2e p. masc.	צִדְקַתְכֶם, *votre* —	צִדְקוֹתֵיכֶם, *vos* —
fém.	צִדְקַתְכֶן, *votre* —	צִדְקוֹתֵיכֶן, *vos* —
3e p. masc.	צִדְקָתָם, *leur* —	צִדְקוֹתָם (־תֵיהֶם), *leurs* —
fém.	צִדְקָתָן, *leur* —	צִדְקוֹתָן (־תֵיהֶן), *leurs* —

Exercice 24.

Version et exercice de vocalisation.

— [1]דּוֹרִי — אֱלֹהֶיהָ — [2]תְּפִלָּתכם — כֹּל דְּרָכָיו [3]מִשְׁפָּט —
כַּסְפְּךָ לִי הוּא — צְבָאוֹת [4]מִצְרַיִם אַחֲרֵיהֶם — [5]מַלְכוּתְךָ
מַלְכוּת [6]עוֹלָם :

1. R. דור — 2. R. פלל — 3. R. שפט — 4. *L'Egypte* — 5. R. מלך — 6. R. עלם.

Exercice 25.

Thème. — Ton salut[1]. — Son alliance[2]. — Son nom[3] (est) grand[4]. — Sa loi[5] (est) dans leurs cœurs[6]. — Vaste[7] (est) sa sagesse[8]. — La main[9] de Yahweh (est) sur vous.

1. R. ישע — 2. בְּרִית — 3. שֵׁם — 4. R. גדל — 5. R. ירה (préf. — 6. « les cœurs », לְבָבוֹת — 7. רַבָּה — 8. R. חכם — 9. יָד, ét. constr. יַד.

§ II. — PRONOMS DÉMONSTRATIFS

62. — Le pronom démonstratif a deux formes *au singulier :* זֶה pour le masculin, זֹאת pour le féminin. Elles viennent toutes deux d'un « ză » primitif, auquel s'est ajouté, pour זֹאת, le ת du féminin sémitique. — *Au pluriel*, la forme אֵלֶּה (rarement אֵל) s'emploie indifféremment pour les deux genres.

Le pronom démonstratif mis en apposition suit le nom et

prend l'article, parce qu'il est déterminé : הַכֹּהֵן הַזֶּה, « ce prêtre ». — Le démonstratif hébreu s'emploie aussi bien pour les objets présents que pour les éloignés. Il signifie donc indifféremment « celui-ci » et « celui-là ».

§ III. — PRONOMS INTERROGATIFS

63. — Le pronom interrogatif est, sans distinction de genres ni de nombres : מִי, *qui?* pour les personnes — et מָה (מַה, מֶה), *quoi?* pour les choses. Ces dernières formes sont des différenciations d'un « mă » primitif. Lorsque־מַה est proclitique, il entraîne ordinairement le redoublement de la première consonne du mot suivant.

מָה (מַה, מֶה) peut prendre la signification d'un pronom indéfini : « quelque chose », « quoi ».

§ IV. — PRONOM RELATIF

64. — Le pronom relatif, invariable pour les genres et pour les nombres, est : אֲשֶׁר, « qui, que », etc. אֲשֶׁר בַּשָּׁמַיִם, « qui *est* dans les cieux ».

On trouve aussi la particule שֶׁ ou rarement שַׁ ; comme l'article, cette particule entraîne le redoublement de la consonne qui suit, quand celle-ci n'est pas une gutturale : שֶׁבַּשָּׁמַיִם, « qui *est* dans les cieux ».

Exercice 26.

VERSION ET EXERCICE DE VOCALISATION.

אֲנִי[1] יַהְוֶה אֱלֹהֵי[2] יִשְׂרָאֵל[3] : מִי אַתָּה[4] אנכי האיש אשר
שָׁמַר את מִגְדַּל דָּוִיד : מי אתם אנחנו הישרים : מי הֵם
הָעִבְרִיִּים[5] : מי הֵנָּה הבתולות[6] האלה עָבְדוּ[7] את הַמֶּלֶךְ :
זָכַר יַהְוֶה כִּי[8] עָפָר אֲנַחְנוּ : אני אֵל[9] קָדוֹשׁ[10] ואתם דור
עִקֵּשׁ : הכוכב הזה כְּלַהַב יָפֶה : הדברים האלה יקרים
מִזָּהָב מִכֶּסֶף : מי רָאָה הגבורים[11] אשר בארץ כְּנַעַן[12] :

1. Le verbe *être* est souvent sous-entendu — 2. ét. const. de אֱלֹהִים — 3. *Israël* — 4. Il n'y a pas de signe spécial pour marquer l'interrogation; toute ponctuation qui divise les membres de la phrase peut être en même temps signe d'interrogation — 5. R. עבר — 6. R. בתל — 7. *servent* — 8. *que*, conjonction — 9. R. אול — 10. R. קדשׁ — 11. R. גבר — 12. *Canaan.*

Exercice 27.

Thème. — Qui êtes[1]-vous ? Nous sommes[1] de la race[2] de David[3]. — Tu[4] es[1] une[5] grande[6] ville[7], Jérusalem[8]. — Je suis[1] un[5] Dieu[9] jaloux[10]. — Dieu[9] aime[11] les prières[12] des justes[13]. — L'holocauste[14] de l'impie[15] est une[5] abomination[16] pour[17] Yahweh[18]. — Voici[19] la parole[20] qui fut adressée[21] à l'homme[26] de Dieu[9]. — Voici[19] le signe[23] de l'alliance[24] entre[25] Dieu[9] et[22] Israël[27]. — Par l'épée[28], ces héros[29] délivrèrent[30] Israël[27].

1. Le verbe *être* peut se supprimer — 2. R. זרע — 3. דָּוִיד — 4. Les noms des villes qui sont personnifiées sont souvent traités comme féminins — 5. L'article indéfini ne s'exprime pas — 6. R. גדל; l'adjectif qualificatif se place après le substantif qualifié — 7. chercher עִיר — 8. יְרוּשָׁלַיִם — 9. אֱלֹהִים — 10. R. קנא — 11. *aime*, אָהַב — 12. R. פלל — 13. R. צדק — 14. R. עלה — 15. R. רשׁע — 16. R. תעב — 17. *pour*, לְ — 18. יְהוָה — 19. *Voici* = *celle-ci* (ou *celui-ci*) (est) *la parole* (ou *le signe*) — 50. R. דבר — 51. *fut adressée*, traduire par הָיָה, *fut* — 22. אִישׁ — 23. אוֹת — 24. R. ברה — 25. בֵּין — 26. *et*, en hébreu *et entre*, וּבֵין — 27. יִשְׂרָאֵל — 28. R. הרב — 29. R. גבר — 30. הִצִּילוּ.

CHAPITRE VI

LE VERBE RÉGULIER

§ I. — GÉNÉRALITÉS

64. — Les conjugaisons. — Ce mot ne peut avoir en hébreu le même sens qu'en français. Il indique *les formes différentes que prend une même racine verbale*, lorsqu'on veut lui faire exprimer, soit son idée fondamentale, soit certaines nuances qu'elle comporte. La conjugaison qui exprime l'idée fondamentale est dite *simple* ou légère (en hébreu קַל). Les autres sont dites *dérivées*, ou augmentées. Elles se forment par le redoublement d'un des éléments de la racine, ou par addition de préfixes, ou par l'un et l'autre de ces deux procédés.

Le sémitique primitif avait un tableau très riche et très régulier des conjugaisons : l'arabe actuel en compte 26 principales, dont 15 représentent des nuances appréciables. Dans l'hébreu biblique, il en reste 7, y compris la conjugaison Qal.

Les conjugaisons dérivées portent des noms empruntés à la racine פָּעַל, « faire », que les anciens grammairiens juifs à l'imitation des arabes, avaient prise comme modèle des formes verbales et nominales. On a cessé en hébreu d'employer cet exemple, פָּעַל, suivant des règles particulières, à cause de sa seconde radicale gutturale. Mais on a gardé les dénominations anciennes, et ainsi on distingue :

1° *Le Pi'êl et le Pu'âl*, qui indiquent principalement l'intensité. Le signe distinctif de ces conjugaisons est le redoublement de la deuxième radicale.

2° *Le Hip^h'îl et le Hop^h'al*, qui ont surtout le sens causatif. On les reconnaît à leur préformante ה.

3° *Le Nip^h'al et le Hit^hpa'êl*, qui indiquent le réfléchi. Le Nip^h'al est muni du *nun* préformante, ou bien du *hé*, avec redoublement de la première radicale. Le Hit^h^pa'êl a la préformante הִתְ, avec redoublement de la deuxième radicale.

65. — Les voix. — Il y a trois voix : active, passive et réfléchie. *L'actif* est représenté par les conjugaisons Qal, Pi'êl et Hip^h^îl. — Le Pi'êl et le Hip^h^'îl ont respectivement un passif : Pu'al et Hop^h^'al. Primitivement, il existait un *passif* du Qal *(qutal)*. La tradition massorétique n'en a gardé que quelques traces. La plus constante est le participe קָטוּל, incorporé à la conjugaison Qal. — *Les formes réfléchies* sont Nip^h^'al et Hit^h^pa'êl. La première est le réfléchi du Qal, et lui sert en même temps de passif. La seconde est le réfléchi de l'intensif Pi'êl.

66. — Les temps et les modes. — L'hébreu ne distingue pas entre passé, présent et futur. D'une manière plus concrète, il se fonde sur la notion de mouvement et distingue : 1° ce qui est achevé; 2° ce qui est inachevé. De là les deux désignations ordinairement employées : *parfait et imparfait*. Elles ne sont justes que si on les prend au sens étymologique, et non au sens temporel des grammaires occidentales. Le parfait désigne ce qui est terminé, accompli ou supposé tel, et par conséquent correspond au passé défini ou indéfini, au plus-que-parfait ou au passé antérieur, quelquefois même au présent. L'imparfait désigne ce qui est non terminé, non accompli, et donc peut correspondre à notre imparfait, au présent et au futur[1].

On appelle quelquefois les deux temps sémitiques « accompli » (= parfait) et « inaccompli » (= imparfait). On pourrait, en hébreu, parler simplement du temps qatal et du temps yiqtôl, d'après la forme du verbe régulier pris ordinairement comme modèle.

Le parfait et l'imparfait sont les deux seuls temps qui constituent le mode de l'indicatif. Outre l'indicatif, l'hébreu connaît *les modes volitifs*. Le plus fréquent est l'impératif,

1. Ces notions valent pour les verbes d'action, qui sont de beaucoup les plus nombreux. Chez les verbes d'état (**68**), le parfait a la valeur temporelledu présent, et l'imparfait celle du futur (**111-112**).

VERBE קָטַל.

	Qal		Niphʿal.	Piʿêl.	Puʿal.	Hiphʿîl.	Hophal.	Hitpaʿêl.
	il a tué.		*il a été tué.*	*il a massacré.*	*il a été massacré.*	*il a ordonné de tuer.*	*il a été désigné pour être tué.*	*il s'est tué.*
Parf. Sing. 3 m.	קָטַל	*il a tué*	נִקְטַל	קִטֵּל	קֻטַּל	הִקְטִיל	הָקְטַל	הִתְקַטֵּל
3 f.	קָֽטְלָה	*elle a tué*	נִקְטְלָה	קִטְּלָה	קֻטְּלָה	הִקְטִילָה	הָקְטְלָה	הִתְקַטְּלָה
2 m.	קָטַלְתָּ	*tu as tué*	נִקְטַלְתָּ	קִטַּלְתָּ	קֻטַּלְתָּ	הִקְטַלְתָּ	הָקְטַלְתָּ	הִתְקַטַּלְתָּ
2 f.	קָטַלְתְּ	*tu as tué*	נִקְטַלְתְּ	קִטַּלְתְּ	קֻטַּלְתְּ	הִקְטַלְתְּ	הָקְטַלְתְּ	הִתְקַטַּלְתְּ
1 c.	קָטַלְתִּי	*j'ai tué*	נִקְטַלְתִּי	קִטַּלְתִּי	קֻטַּלְתִּי	הִקְטַלְתִּי	הָקְטַלְתִּי	הִתְקַטַּלְתִּי
Plur. 3 c.	קָֽטְלוּ	*ils ont tué*	נִקְטְלוּ	קִטְּלוּ	קֻטְּלוּ	הִקְטִילוּ	הָקְטְלוּ	הִתְקַטְּלוּ
2 m.	קְטַלְתֶּם	*vous avez tué*	נִקְטַלְתֶּם	קִטַּלְתֶּם	קֻטַּלְתֶּם	הִקְטַלְתֶּם	הָקְטַלְתֶּם	הִתְקַטַּלְתֶּם
2 f.	קְטַלְתֶּן	*vous avez tué*	נִקְטַלְתֶּן	קִטַּלְתֶּן	קֻטַּלְתֶּן	הִקְטַלְתֶּן	הָקְטַלְתֶּן	הִתְקַטַּלְתֶּן
1 c.	קָטַלְנוּ	*nous avons tué*	נִקְטַלְנוּ	קִטַּלְנוּ	קֻטַּלְנוּ	הִקְטַלְנוּ	הָקְטַלְנוּ	הִתְקַטַּלְנוּ
Infinit. absol.	קָטוֹל	*tuer*	נִקְטֹל	קַטֹּל	קֻטֹּל	הַקְטֵל	הָקְטֵל	הִתְקַטֵּל
constr.	קְטֹל	*tuer*	הִקָּטֵל	קַטֵּל	(קֻטַּל)	הַקְטִיל	(הָקְטַל)	*id.*
Impér. Sing. 2 m.	קְטֹל	*tue*	הִקָּטֵל	קַטֵּל	*manque.*	הַקְטֵל	*manque.*	הִתְקַטֵּל
2 f.	קִטְלִי	*tue*	הִקָּטְלִי	קַטְּלִי		הַקְטִילִי		הִתְקַטְּלִי
Plur. 2 m.	קִטְלוּ	*tuez*	הִקָּטְלוּ	קַטְּלוּ		הַקְטִילוּ		הִתְקַטְּלוּ
2 f.	קְטֹלְנָה	*tuez*	הִקָּטַלְנָה	קַטֵּלְנָה		הַקְטֵלְנָה		הִתְקַטֵּלְנָה
Imparf. Sing. 3 m.	יִקְטֹל	*il tuera*	יִקָּטֵל	יְקַטֵּל	יְקֻטַּל	יַקְטִיל	יָקְטַל	יִתְקַטֵּל
3 f.	תִּקְטֹל	*elle tuera*	תִּקָּטֵל	תְּקַטֵּל	תְּקֻטַּל	תַּקְטִיל	תָּקְטַל	תִּתְקַטֵּל
2 m.	תִּקְטֹל	*tu tuoras*	תִּקָּטֵל	תְּקַטֵּל	תְּקֻטַּל	תַּקְטִיל	תָּקְטַל	תִּתְקַטֵּל
2 f.	תִּקְטְלִי	*tu tueras*	תִּקָּטְלִי	תְּקַטְּלִי	תְּקֻטְּלִי	תַּקְטִילִי	תָּקְטְלִי	תִּתְקַטְּלִי
1 c.	אֶקְטֹל	*je tuerai*	אֶקָּטֵל	אֲקַטֵּל	אֲקֻטַּל	אַקְטִיל	אָקְטַל	אֶתְקַטֵּל
Plur. 3 m.	יִקְטְלוּ	*ils tueront*	יִקָּטְלוּ	יְקַטְּלוּ	יְקֻטְּלוּ	יַקְטִילוּ	יָקְטְלוּ	יִתְקַטְּלוּ
3 f.	תִּקְטֹלְנָה	*elles tueront*	תִּקָּטַלְנָה	תְּקַטֵּלְנָה	תְּקֻטַּלְנָה	תַּקְטֵלְנָה	תָּקְטַלְנָה	תִּתְקַטֵּלְנָה
2 m.	תִּקְטְלוּ	*vous tuerez*	תִּקָּטְלוּ	תְּקַטְּלוּ	תְּקֻטְּלוּ	תַּקְטִילוּ	תָּקְטְלוּ	תִּתְקַטְּלוּ
2 f.	תִּקְטֹלְנָה	*vous tuerez*	תִּקָּטַלְנָה	תְּקַטֵּלְנָה	תְּקֻטַּלְנָה	תַּקְטֵלְנָה	תָּקְטַלְנָה	תִּתְקַטֵּלְנָ
1 c.	נִקְטֹל	*nous tuerons*	נִקָּטֵל	נְקַטֵּל	נְקֻטַּל	נַקְטִיל	נָקְטַל	נִתְקַטֵּל
Imparf. apocopé						יַקְטֵל		
Partic. act.	קֹטֵל	*tuant*		מְקַטֵּל		מַקְטִיל		מִתְקַטֵּל
pass.	קָטוּל	*tué*	נִקְטָל		מְקֻטָּל		מָקְטָל	

qui est le volitif de la deuxième personne. Pour la première, on a le cohortatif, et pour la troisième le jussif. Ce dernier exprime toutes les nuances de volonté : ordre, désir, souhait. Cohortatif et jussif se forment sur l'imparfait.

L'infinitif et le participe sont en dehors de la notion de temps et de mode. Ce sont des noms verbaux.

§ II. — FLEXION DU VERBE RÉGULIER
(Paradigme IV, p. 6*-7*)[1].

67. Un verbe est normalement désigné par la 3e personne masc. sing. du parfait Qal, parce que sa racine trilittère s'y présente généralement à l'état pur : שָׁמַר, « garder »; עָמַד, « se tenir debout », יָשַׁב, « s'asseoir. Il est dit régulier quand la racine ne contient que des lettres fortes, par ex. : שָׁמַר. Les irréguliers sont ceux dont la racine contient une ou plusieurs lettres faibles (ainsi יָשַׁב; קוּם « se lever ») ou répète la seconde radicale (סָבַב, « entourer »).

68. — La Conjugaison Qal. Flexion du parfait.

1° Dans les verbes qui expriment une action, et qui sont appelés pour cette raison *verbes d'action*, la 3e pers. masc. sing. est toujours vocalisée en qâmèṣ et pat*h*aḥ. Ex. : קָטַל, « il a tué »; כָּתַב, « il a écrit ».

Les circonstances de personne , genre et nombre sont indiquées par des désinences, qui sont ou bien des caractéristiques analogues à celles que nous avons rencontrées pour le nom, ou bien des débris de pronoms personnels, à savoir :

3e pers. sing. fém. : ָה, désinence semblable, quant à la forme, à celle du nom féminin.
3e pers. plur. : וּ.
2e pers. sing. masc. : תָּ, débris du pronom אַתָּה.
2e pers. sing. fém. : תְּ, de אַתְּ.

1. Pour comprendre les formes du verbe *biblique*, on aura intérêt à se reporter fréquemment à ses formes *primitives* : Cf. Paradigme III, p. 4*-5*.

2e pers. plur. masc. : תֶּם, de אַתֶּם.

2e pers. plur. fém. : תֶּן, de אַתֶּן.

1re pers. sing. : תִּי, débris de אָנֹכִי, avec substitution du ת au כ.

1re pers. plur. : נוּ, de אֲנַחְנוּ.

2o L'addition des désinences au radical entraîne des changements vocaliques, quand elles sont accentuées. Le cas se présente pour תֶם et תֶן, primitivement disyllabiques, et pour ה ָ et וּ, en dehors de la pause. Par suite, on a קְטַלְתֶּם, קְטַלְתֶּן, avec chute de l'antéprétonique, et קָטְלָה, קָטְלוּ, avec chute de la prétonique.

Le parfait du verbe d'action se conjugue donc :

SINGULIER	3e pers.	masc. :	קָטַל
		fém. :	קָטְלָה
	2e pers.	masc. :	קָטַלְתָּ
		fém. :	קָטַלְתְּ
	1re pers.	comm. :	קָטַלְתִּי
PLURIEL	3e pers.	comm. :	קָטְלוּ
	2e pers.	masc. :	קְטַלְתֶּם
		fém. :	קְטַלְתֶּן
	1re pers.	comm. :	קָטַלְנוּ

69. — A côté des verbes qui expriment l'action, et qui sont dits à ce point de vue « actifs », il en existe d'autres qui signifient l'état ou la qualité. On les appelle *statifs, ou qualitatifs*. Ils ont pour seconde voyelle au parfait un ṣêrê ou un ḥôlèm : כָּבֵד, « il est lourd »; קָטֹן, « il est petit ». On les conjugue de la façon suivante :

SINGULIER	3e pers.	masc. :	כָּבֵד	קָטֹן
		fém. :	כָּבְדָה	קָטְנָה

	2e pers. masc. :	כָּבַדְתָּ	קָטֹנְתָּ
	fém. :	כָּבַדְתְּ	קָטֹנְתְּ
	1re pers. comm. :	כָּבַדְתִּי	קָטֹנְתִּי
PLURIEL	3e pers. comm. :	כָּבְדוּ	קָטְנוּ
	2e pers. masc. :	כְּבַדְתֶּם	קְטָנְתֶּם
	fém. :	כְּבַדְתֶּן	קְטָנְתֶּן
	1re pers. comm. :	כָּבַדְנוּ	קָטֹנּוּ

70. — Le participe et l'infinitif. — La forme Qal a deux participes, un *participe actif* קֹטֵל (avec ô long) et un *participe passif* קָטוּל. Ils viennent respectivement des formes primitives « qâtil » et « qatûl », qui allégées en « qatil », « qatul » ont donné les formes כָּבֵד, קָטֹן. Ces dernières sont utilisées à titre d'adjectifs verbaux : elles constituent le thème du parfait statif, lequel n'est qu'un adjectif conjugué.

Les participes actif et passif ont un féminin et un pluriel selon la forme ordinaire : קֹטֵל, קֹטְלָה etc. (cf. שֹׁמֵר); קָטוּל, קְטוּלָה etc. (cf. שָׁמוּר). Quelquefois, le participe actif féminin prend la forme ségolée קֹטֶלֶת.

71. — Il y a deux infinitifs, qui dans la conjugaison Qal sont nettement distincts. Le premier est קָטוֹל, le second קְטֹל. L'usage s'est introduit de les appeler *infinitif absolu et infinitif construit :* ce dernier a en effet, devant les noms et les suffixes, la signification d'état construit. Mais le ô de קָטוֹל est long, comme venant d'un â long primitif, et le o de קְטֹל n'est que moyen, parce qu'allongement de u bref primitif. De plus, il arrive que le second infinitif est employé comme état absolu. Il serait donc préférable de se contenter de la dénomination : premier et second infinitifs.

Dans les statifs, le second infinitif devrait avoir la voyelle a : שְׁכַב (cf. *infra :* imparfait et impératif). La règle n'est observée que rarement. Quelquefois, la forme normale de ce même infinitif est doublée ou remplacée par l'une ou l'autre des suivantes : קְטָלָה, קָטְלָה, קִטְלָה, קַטְלָה. On trouve plus rarement la forme מִקְטַל, qui est araméenne.

Exercice 28.

1° Conjuguer au parfait indicatif, au participe (en le déclinant en entier), à l'infinitif, — les verbes שָׁכַב, זָכַר, מָלַךְ, פָּקַד.

2° Quelles sont, au parfait indicatif Qal, au participe ou à l'infinitif, les ponctuations possibles des groupes de lettres suivants : שמר, זכרה, שמור, שפטת, הלכת?

N. B. — Pour le 2°, on ne doit ajouter aucune consonne, pas même un ו ou un ך.

Exercice 29[1].

VERSION ET EXERCICE DE VOCALISATION.

בְּרֵאשִׁית[1] יָצַרְתָּ אֱלֹהִים אֶת־הָאָדָם : אתה אלהים מֶלֶךְ
הַכָּבוֹד[2] מֶלֶךְ הָעוֹלָם[3] יָצַרְתָּ אֶת־הָאָרֶץ ואת־כָּל[4]־אֲשֶׁר
בָּאָרֶץ : בָּרוּךְ אתה אֱלֹהֵי צְבָאוֹת : בְּרוּכָה אַתְּ מַלְכָּה[5]
אֲשֶׁר מָלַכְתְּ בִּיהוּדָה[6] :

ברוכים אתם כָּל[4]־הַקְּדוֹשִׁים אתם זרעתם בְּדִמְעָה
וּבְרִנָּה[7] קצרתם : אני יהוה נותן שלום לאיש טוֹב אני
גדלתי הדר לבשתי : עברנו את־הוֹרַת[8] אלוֹהִים כשלנו
בדרך ואֵין[9] עוזר :

1. R. ראש — 2. R. כבד — 3. R. עלם — 4 (*kol*), R. כלל — 5. *reine* — 6 יְהוּדָה, *Juda* — 7. R. רנן — 8. R. ירה — 9. אֵין, *il n'y a pas.*

1. Les versions suivantes seront divisées en deux alinéas. Dans le premier, le texte sera à peu près entièrement vocalisé. Le second, qui n'est pas vocalisé, pourra être réservé aux étudiants les plus avancés.

Exercice 30.

Thème. — La terre[1] a tremblé[2], les montagnes[3] ont bondi[4], parce que[5] Yahweh s'est irrité[6]. — Ils ensevelirent[7] Saül[8]. — J'ai dérobé[9] l'or[10] du temple[11]. — Nous nous sommes rappelé[12] la miséricorde[13] de Dieu. — Ils ont mangé[14] et ne se sont pas[15] rassasiés[16].

1. R. הָאָרֶץ — 2. R. רגז — 3. R. הר — 4. R. רקד — 5. *parce que*, כִּי — 6. R. בער — 7. R. קבר — 8. שָׁאוּל — 9. R. גנב — 10. R. זהב — 11. (הַ)הֵיכָל — 12. *se rappeler*, זָכַר, verbe actif qui gouverne l'accusatif — 13. חֶסֶד — 14. R. אכל — 15. *ne... pas*, לֹא — 16. *se rassasier*, שָׂבַע

Exercice 31.

Version et exercice de vocalisation.

נָתַן הָעֶבֶד מַיִם[1] לַכֹּהֵן לִרְחֹץ אֶת־הַמִּזְבֵּחַ : שָׁלַח יְהוֹשֻׁעַ[2]
אֲנָשִׁים[3] לִכְתֹּב אֶת הָאָרֶץ : שָׁמַעְתִּי שֶׁמֶץ בַּלַּיְלָה בִּנְפֹל
תַּרְדֵּמָה[4] עַל־בְּנֵי[5] אָדָם : בָּגְדוּ בְּנֵי[5] יִשְׂרָאֵל[6] ביהוה :
נפל אַבְנֵר[7] בִּנְפֹל אִישׁ לִפְנֵי[8] רְשָׁעִים : אני אֹהֵב אֱלֹהֵי
יַעֲקֹב[9] : אתם ישבים בארץ אשר יהוה נתן לְיִשְׂרָאֵל[6] :
חדל דָּוִד[10] מספר את הָעָם[11] : היה שְׁמוּאֵל[12] עם[11] הכהנים
השׁמרים את ארון[13] יהוה : מאסתי שֹׁמְרוֹן[14] כִּי בוגדה
היא :

1. מַיִם, *eau* — 2. *Josué* — 3. plur. de אֱנוֹשׁ — 4. R. רדם — 5. plur. constr. de בֵּן, R. בנה — 6. *Israël* — 7. *Abner* — 8. *devant* — 9. *Jacob* — 10. *David* — 11. R. עמם — 12. *Samuel* — 13. R. ארה — 14. *Samarie*.

72. — Flexion de l'imparfait.

1° L'imparfait est surtout caractérisé par des préfixes ou *préformantes*. Elles existent pour toutes les personnes, et en général rappellent les pronoms personnels. Pour mieux marquer les différences de personne, genre et nombre, on ajoute plusieurs désinences ou *afformantes*. Voici la liste des préformantes et afformantes :

3e pers. sing. masc. : préform. י, dont l'origine est assez difficile à expliquer.

3e pers. sing. fém. : préform. ת qui rappelle l'ancienne désinence ת_ du féminin au parfait.

2e pers. sing. masc. : préform. ת qui dérive du pronom אַתָּה et est pareille à celle de la 3e pers. sing. fém.; seul le contexte permet de les distinguer.

2e pers. sing. fém. : préform. ת, afform. י_, se rattachant l'une et l'autre à אַתִּי, pronom archaïque de la 2e pers. sing. fém.

1re pers. sing.: préform. א, début du pronom אֲנִי.

3e pers. plur. masc. : préform. י comme au singulier, et afform. וּ comme au parfait.

3e pers plur. fém. : préform. ת comme au sing., et afform. נָה qui rappelle la finale du pronon הֵנָּה.

2e pers. plur masc.: préform. ת, comme au sing., et afform. וּ.

2e pers. plur. fém. : préform. ת et afform. נָה (cf. אַתֵּנָה). Le contexte seul permet de distinguer la 2e et la 3e pers. du plur. fém.

1re pers. plur. : préform. נ, de אֲנוּ.

2° *Le radical* auquel s'ajoutent préformantes et afformantes est, pour les verbes d'action, קְטֹל, primitivement q^e^tul, à savoir le même thème que celui de l'infinitif construit. Les préformantes sont ponctuées ִ, dégradation d'un a primitif. Le א, préformante de la 1re pers. sing., prend un ֶ. La voyelle de קְטֹל, étant moyenne, tombe en syllabe ouverte, quand l'afformante prend le ton. C'est le cas à toutes les personnes, sauf aux 3e et 2e fém. pl.

L'imparfait des verbes d'action se conjugue donc ainsi :

SINGULIER	**3e pers. masc. :**	יִקְטֹל
	fém. :	תִּקְטֹל
	2e pers. masc. :	תִּקְטֹל
	fém. :	תִּקְטְלִי
	1re pers. comm. :	אֶקְטֹל
PLURIEL	**3e pers. masc. :**	יִקְטְלוּ
	fém. :	תִּקְטֹ֫לְנָה
	2e pers. masc. :	תִּקְטְלוּ
	fém. :	תִּקְטֹ֫לְנָה
	1re pers. comm. :	נִקְטֹל

3° *Dans les verbes statifs*, la ponctuation des préformantes en ִ est primitive. Le radical est ponctué ַ (71). On a donc : יִכְבַּד, « il sera lourd », תִּכְבְּדִי, תִּכְבַּדְנָה, etc. ; יִקְטַן, « il sera petit », תִּקְטְנִי, תִּקְטַנָּה, etc.

73. — Les modes volitifs.

1° *Le cohortatif*, mode volitif de la 1re personne, est sans doute le vestige d'un ancien subjonctif. Il a pour caractéristique un ה dit paragogique (c'est-à-dire ajouté), qu'on met à la suite de la forme ordinaire de l'imparfait. Le ה paragogique est ponctué ָ. Il est accentué comme les désinences ִי et וּ ; par suite, la voyelle de la 2e radicale tombe : אֶקְטְלָה, « je tuerai » (j'ai le désir, l'intention, la volonté de tuer). De même avec les statifs : אֶכְבְּדָה, אֶקְטְנָה.

2° *Le jussif*, mode volitif de la 3e personne, utilise lui aussi la forme de l'imparfait. Il a tendance à l'abréger, mais la plupart du temps, et spécialement au Qal du verbe régulier, cette tendance ne se réalise pas. Il y a donc lieu de distinguer entre le sens jussif, qui peut toujours exister, et la forme jussive, qui est relativement rare : יִקְטֹל : « il tuera », ou « qu'il tue ! »

3° *L'impératif*, mode volitif de la 2e personne, prend comme point de départ le même thème que celui de l'infinitif construit et de l'imparfait : קְטֹל, כְּבַד. Il prend les mêmes afformantes de la 2e personne que celles de l'imparfait ִי— et וּ—, toniques; et נָה—, non tonique. ִי— et וּ— provoquent la chute de la voyelle du radical, et par suite l'apparition, sous la première consonne, d'une voyelle qui est ordinairement ִ—. On a donc la flexion :

SINGULIER	2e pers. masc. :	קְטֹל	כְּבַד
	fém. :	קִטְלִי	כִּבְדִי
PLURIEL	2e pers. masc. :	קִטְלוּ	כִּבְדוּ
	fém. :	קְטֹלְנָה	כְּבַדְנָה

Exercice 32.

Conjuguer à l'imparfait et à l'impératif Qal les verbes מָלַךְ, זָכַר, שָׁכַב (statif), פָּקַד.

Exercice 33.

VERSION ET EXERCICE DE VOCALISATION

אִם[1] יִשְׁמְרוּ בְּנֵי יִשְׂרָאֵל[2] אֶת־מִשְׁפְּטֵי הַתּוֹרָה[3] יִזְכֹּר יהוה
אֶת־הַבְּרִית[4] אֲשֶׁר כָּרַת עִם[5] אַבְרָהָם[6] : יִרְדְּפוּ הָרְשָׁעִים אֶת
יִרְאֵי יהוה : תִּרְדֹּפְנָה הַנָּשִׁים[7] אֶת הָאוֹיֵב :
אויבי אלהים לא ישמרו משפטי צדקה אש יהוה תשרף
את הֶערים[8] אשר לכדו מִבְּנֵי יִשְׂרָאֵל[2] : צדיק אתה יהיה
בצדק תשפט את הָעַמִּים[5] : לא תגנבו כל[9]־אשר לאביך[10] :
ספדנה נָשִׁים[7] : נשמר את דבר המלך :

1. *Si* — 2. בְּנֵי יִשְׂרָאֵל, *les fils d'Israël* — 3. R. ירה — 4. R. ברה — 5. R. עמם — 6. *Abraham* — 7. נָשִׁים, *les femmes* — 8. plur. irrég. de עִיר — 9. R. כלל — 10. R. אבה.

Exercice 34.

THÈME. — Les ennemis[1] s'empareront[2] du pays[3], ils brûleront[4] la ville[5]. — Qui habitera[6] dans les parvis[7] du temple[8] saint[9] ? — Vous dominerez[10] sur[11] ces peuples[12]. — Jeunes filles[13], vous garderez[14] la parole[15] du Dieu[16] d'Israël[17]. — Tu jugeras[18] les méchants[19]. — Elles chercheront[20] la loi[21] de Yahweh. — En ce jour[22] tu ne rechercheras[20] pas[23] les dieux[16] étrangers[24]. — Je me rappellerai[25] la gloire[26] de Jérusalem[27].

N. B. — Les futurs peuvent ici se traduire par l'imparfait.

1. R. איב — 2. R. לכד — 3. הָאָרֶץ, *le pays* — 4. R. שׂרף — 5. chercher עיר — 6. R. שׁכן — 7. R. חצר — 8. הֵיכָל — 9. R. קדשׁ — 10. R. משׁל — 11. *sur*, עַל — 12. R. עמם ; עַם, plur. עַמִּים — 13. R. בתל — 14. R. שׁמר — 15. R. דבר — 16. אֱלֹהִים — 17. יִשְׂרָאֵל — 18. R. שׁפט — 19. R. רשׁע — 20. R. דרשׁ — 21. R. ירה — 22. R. יום — 23. *ne... pas*, לֹא, qui se place avant le verbe — 24. R. אחר — 25. *se rappeler*, זכר (actif et gouvernant l'accusatif) — 26. R. כבד — 27. יְרוּשָׁלַיִם.

74. — Les temps invertis (ou convertis).

On est convenu d'appeler ainsi le parfait et l'imparfait, quand leur valeur temporelle est opposée à celle qu'ils devraient avoir normalement. Le parfait acquiert la valeur d'un imparfait, et réciproquement.

Le parfait inverti se compose de trois éléments : un waw ponctué וְ; le verbe au parfait ; l'accent tonique, ordinairement reporté sur la dernière syllabe (ton « milᵉraʿ »). Ex. : וְקָטַלְתִּי. Cette forme est apte à exprimer toutes les nuances de l'imparfait. Elle insinue aussi le sens de succession temporelle ou de consécution logique. Normalement, elle est précédée d'un verbe à l'imparfait. Ex. : אֵלָיו גּוֹיִם יִדְרֹשׁוּ וְהָיְתָה מְנֻחָתוֹ כָּבוֹד : les nations le rechercheront, et (en conséquence) son séjour sera glorieux ».

L'imparfait inverti à lui aussi trois caractéristiques, analogues aux précédentes : 1° un waw, mais ici c'est le waw fort, qui, à la manière de l'article, est ponctué ַ, avec redoublement de la consonne suivante ; 2° le verbe à l'imparfait : sa voyelle finale est quelquefois abrégée, par ex. וַיִּקְטֹל, au lieu de יִקְטִיל (78) ; 3° souvent la remontée du ton vers le début du mot (ton « mil^{e}'êl »), ce qui entraîne l'abrègement de la voyelle posttonique : וַיָּמָת, « et il mourut », au lieu de יָמוּת ou יָמֹת.

L'imparfait inverti exprime tous les sens du parfait, et y joint la nuance de succession temporelle ou de consécution logique. Normalement il est précédé d'un verbe ou d'une locution qui indique le parfait : עָלָה מֶלֶךְ אַשּׁוּר עַל עָרֵי יְהוּדָה וַיִּתְפְּשֵׂם, « Le roi d'Assyrie monta contre les villes de Juda et (puis) s'en empara ». Avec l'usage, l'imparfait inverti est devenu le temps narratif ; aussi le rencontre-t-on souvent en début absolu, en tête d'un récit et même d'un livre : וַיְהִי אִישׁ אֶחָד. « il y eut un homme ».

§ III. — LES CONJUGAISONS DÉRIVÉES

75. — Les conjugaisons intensives.

Elles sont représentées *à l'actif par le Pi'êl, au passif par le Pu'al.* Comme leur nom l'indique, elles ajoutent au sens du Qal une nuance d'intensité ou de fréquence : ainsi fracasser, au lieu de briser ; se promener, au lieu de marcher. Quand il s'agit d'une qualité, le Pi'êl signifie assez souvent donner cette qualité, et prend ainsi un sens causatif : « sanctifier » (au Qal « être saint ») ; « enseigner » (au Qal « apprendre »). Une variété du sens causatif est le sens déclaratif : ainsi « déclarer innocent ». Enfin on rencontre le Pi'êl privatif dans des cas où le verbe est dérivé d'un nom : שֵׁרֵשׁ, « déraciner », de שֹׁרֶשׁ, « racine ».

Le signe propre des conjugaisons intensives est le redoublement de la 2e radicale. On le retrouve à tous les temps.

76. — Le Pi'êl, *au parfait,* a pour 1re voyelle un i, affaiblissement d'un a primitif. La 2e voyelle est un ֵ, élargissement d'un ḥirèq antérieur. Devant les désinences qui commencent par une consonne, le ◌ֵ s'altère en ◌ַ.

On a ainsi pour le parfait Pi'êl :

Singulier : 3e pers. masc. קִטֵּל, **fém.** קִטְּלָה; **2e pers. masc.** קִטַּלְתָּ, **fém.** קִטַּלְתְּ; **1re pers. comm.** קִטַּלְתִּי.

Pluriel : 3e pers. comm. קִטְּלוּ; **2e pers. masc.** קִטַּלְתֶּם, **fém.** קִטַּלְתֶּן; **1re pers. comm.** קִטַּלְנוּ.

A l'imparfait on a יְקַטֵּל, primitivement « yuqattil ». La voyelle antéprétonique est tombée, comme dans le cas de יְשָׁרִים et יְשָׁרָה, qui viennent de יָשָׁר. L'addition des désinences se fait comme au Qal. D'où la flexion :

Singulier : 3e pers. masc. יְקַטֵּל, **fém.** תְּקַטֵּל; **2e pers. masc.** תְּקַטֵּל, **fém.** תְּקַטְּלִי; **1re pers. comm.** אֲקַטֵּל.

Pluriel : 3e pers. masc. יְקַטְּלוּ, **fém.** תְּקַטֵּלְנָה; **2e pers. masc.** תְּקַטְּלוּ, **fém.** תְּקַטֵּלְנָה; **1re pers. comm.** נְקַטֵּל.

L'infinitif construit, l'impératif, le participe, ont les voyelles de l'imparfait. Le participe est formé au moyen du préfixe מ : מְקַטֵּל, מְקַטְּלִים, מְקַטְּלָה (מְקַטֶּלֶת), etc. L'infinitif absolu est ordinairement semblable à l'infinitif construit : קַטֵּל, mais on rencontre aussi קַטֹּל, à l'imitation du Qal קָטֹל.

77. — Le Pu'al, comme toutes les formes passives, est caractérisé par la vocalisation en u de la 1re radicale. Au parfait, le Pu'al est l'ancien passif du Qal : « qutil » est devenu « quttal », la voyelle u atone ne se maintenant qu'en syllabe aiguë. Par le fait du redoublement de la 2e radicale, קֻטַּל, a été rapproché de קִטֵּל, à titre de passif de l'intensif.

Au parfait on a : à la **3e pers. sing. masc.,** קֻטַּל; — avec les **désinences qui commencent par une voyelle,** קֻטְּלָה, קֻטְּלוּ; — et avec **celles qui commencent par une consonne,** קֻטַּלְתָּ, קֻטַּלְתְּ, קֻטַּלְנוּ, קֻטַּלְתֶּן, קֻטַּלְתֶּם.

A l'imparfait : dans les **formes sans désinences** : יִקָּטֵל, נִקָּטֵל, אֶקָּטֵל, תִּקָּטֵל ; — avec les **désinences qui commencent par une voyelle** : תִּקָּטְלִי, יִקָּטְלוּ, תִּקָּטְלוּ ; — avec **celles qui commencent par une consonne,** תִּקָּטַלְנָה.

L'infinitif construit, qui serait קַטֵּל, ne se rencontre pas dans la Bible. On trouve une fois l'infinitif absolu, sous la forme קָטֹל.

Exercice 35.

VERSION ET EXERCICE DE VOCALISATION.

דִּבֵּר יהוה אֵת הַדְּבָרִים הָאֵלֶּה בְּחֹרֵב[1] : לִמַּדְתָּ אֵת יִשְׂרָאֵל אֵת הַתּוֹרָה[2] הַטּוֹבָה הַזֹּאת : בִּקֵּשׁ הָאוֹיֵב אֶת־נֶפֶשׁ דָּוִיד[3] : בָּנִים[4] גִּדַּלְתִּי וְהֵם חָטְאוּ : בִּקְשׁוּ אֵת פְּנֵי[5] יהוה :

הלכו בְּנֵי[4] יִשְׂרָאֵל לקטר לַבַּעַל[6] : הָעבד כבס את בִּגְדֵי המלך : זַמרו ליהוה את המזמור הזה : אכבד את מכבדי אלהים ואמלט את עני[7] : דברי באָזְנֵי[8] הָעם[9] : בְּנֵי[4] עֵלִי[10] לא לקחו מִן[11] הזבחים בשׂר מבשל כִּי אִם[12] בשׂר חָי[13]

N. B. — Pour cet exercice et les suivants, il faut chercher avec soin la forme des verbes qui donne un sens satisfaisant.

1. *Horeb* (le mont) — 2. R. ירה — 3. *David* — 4. plur. irrég. de בֵּן, R. בנה — 5. état. constr. de פָּנִים, R. פנה — 6. *Baal* — 7. R. ענה — 8. *'ozné(y)*, plur. constr. de אֹזֶן — 9. R. עמם — 10. *Héli* — 11. מִן (forme complète de מִ), *ex* — 12. כִּי אִם, *mais* — 13. R. חיו.

Exercice 36

THÈME. — Enseignez[1] au peuple[2] cette loi[3]. — Ils n'ont pas sanctifié[5] le nom[6] de Dieu. — Qui comptera[7] le nombre[7] des étoiles[8] ? — En ce jour[9] je chercherai[10] ceux qui périssent[11] et je rassemblerai[12] ceux qui sont éloignés[13]. — L'iniquité[14] de Samarie[15] ne sera pas[4] expiée[16] et les petits enfants[17] de Jérusalem[18] seront écrasés[19].

1. R. למד (gouverne deux accusatifs). — 2. R. עמם — 3. R. ירה — 4. *ne... pas*, לֹא — 5. R. קדשׁ — 6. *nom*, שֵׁם, état constr. שֶׁם־ — 7. R. ספר — 8. *étoile*, כּוֹכָב — 9. *jour*, יוֹם — 10. R. בקשׁ — 11. *ceux qui périssent = les périssant*, R. אבד — 12. R. קבץ — 13. *ceux qui sont éloignés = les éloignés*, R. רחק — 14. R. עוה — 15. שֹׁמְרוֹן — 16. R. כפר — 17. *petits enfants*, R. עלל — 18. יְרוּשָׁלַיִם — 19. R. רטשׁ.

78. — Les conjugaisons causatives.

Ce sont le *Hip^h'îl* et son passif le *Hop^h'al.* Le Hip^h'îl exprime l'idée de faire quelque chose, c'est pourquoi il est appelé factitif ou causatif. Ainsi le verbe « voir » prend au Hip^h'îl le sens de « faire voir, montrer » ; « marcher », Hip^h. : « faire marcher »; être lourd », Hip^h. : « alourdir ». On voit par ces trois exemples que la nuance causative peut affecter des verbes d'action, transitifs ou intransitifs, et des verbes d'état.

Comme l'intensif, le causatif peut exprimer le sens déclaratif-estimatif : ainsi « être juste » (Qal), « déclarer juste » (Hip^h'îl) ; « être fort » (Qal), « redouter », c'est-à-dire estimer fort (Hip^h'îl).

79. — *Le signe distinctif du* **Hip^h'îl** est le préfixe *ha*, qui peut avoir eu primitivement une valeur démonstrative (celui-là manger ; faire que cet autre mange, faire manger). On avait anciennement *au parfait* la forme « haqtil » : devant les suffixes de la 1re et de la 2e personnes elle est devenue « haqtalti », « haqtalta »..., et ultérieurement הִקְטַלְתִּי, הִקְטַלְתָּ... Aux autres personnes, la voyelle i est demeurée en s'allongeant : הִקְטִיל, הִקְטִילָה, הִקְטִילוּ. Soit la flexion :

Singulier : 3e pers. masc. הִקְטִיל, **fém.** הִקְטִ֫ילָה ; **2e pers.**

masc. הִקְטַ֫לְתָּ, **fém.** הִקְטַלְתְּ ; **1re pers. comm.** הִקְטַ֫לְתִּי.

Pluriel : 3e pers. comm. הִקְטִ֫ילוּ ; **2e pers. masc.** הִקְטַלְתֶּם, **fém.** הִקְטַלְתֶּן ; **1re pers. comm.** הִקְטַ֫לְנוּ.

A l'imparfait, le thème primitif s'est maintenu et il y a syncope du ה: On a donc יַקְטִיל, pour y^e^haqtîl. Parallèlement à cette forme, il existe une forme plus légère, vocalisée en ֵ ; elle caractérise le jussif et l'inverti : יַקְטֵל, וַיַּקְטֵל (**72-73**). Elles se conjuguent de la façon suivante :

Forme longue. — **Singulier : 3e pers. masc.** יַקְטִיל, **fém.** תַּקְטִיל ; **2e pers. masc.** תַּקְטִיל, **fém.** תַּקְטִ֫ילִי ; **1re pers. comm.** אַקְטִיל. — **Pluriel : 3e pers. masc.** יַקְטִ֫ילוּ, **fém.** תַּקְטֵ֫לְנָה ; **2e pers. masc.** תַּקְטִ֫ילוּ, **fém.** תַּקְטֵ֫לְנָה ; **1re pers. comm.** נַקְטִיל.

β) Forme légère. — **Singulier : 3e pers. masc.** יַקְטֵל, **fém.** תַּקְטֵל ; **2e pers. masc.** תַּקְטֵל, **fém.** תַּקְטְלִי ; **1re pers. comm.** אַקְטֵל. — **Pluriel : 3e pers. masc.** יַקְטְלוּ, **fém.** תַּקְטֵ֫לְנָה ; **2e pers. masc.** תַּקְטְלוּ, **fém.** תַּקְטֵ֫לְנָה ; **1re pers. comm.** נַקְטֵל.

L'impératif et l'infinitif absolu הַקְטֵל ont la ponctuation de la forme légère, tandis que l'infinitif construit reste fidèle au thème הַקְטִיל. De même le participe מַקְטִיל.

80. — Le **Hopʰ al** est le passif du Hipʰʿîl. Il a comme *caractéristique* le préfixe ה, normalement ponctué o. Cet o se trouve en syllabe fermée (non aiguë), à titre d'adoucissement du u primitif, voyelle de toutes les formes passives. Au parfait, la seconde voyelle est a : elle provient d'un i. primitif. L'imparfait יָקְטַל dérive de l'ancien « yuqṭal(u) ». Cette dernière forme est exactement l'ancien imparfait passif du Qal, qui, à cause de la syncope du ה, se trouve être semblable à un passif causatif.

Les deux temps principaux du Hophal se conjuguent donc ainsi :

Le parfait. — On a : à la 3e **pers. sing. masc. :** הָקְטַל ; — puis avec les **désinences qui commencent par une voyelle** : הָקְטְלָה, etc. ; — avec **celles qui commencent par une consonne :** הָקְטַ֫לְתָּ, etc.

L'imparfait. — On a : dans les **formes sans désinences :** יָקְטַל, תָּקְטַל, etc., pour יְהָקְטַל*, תְּהָקְטַל* ; etc. ; avec les **désinences qui commencent par une voyelle :** יָקְטְלוּ, תָּקְטְלִי, etc. ; avec la **désinence qui commence par une consonne :** תָּקְטַ֫לְנָה.

L'infinitif absolu הָקְטֵל a été formé à l'image de l'infinitif absolu Hipʿîl. Le participe est מָקְטָל. Il n'y a pas d'infinitif construit ni d'impératif.

Exercice 37.

Version et exercice de vocalisation.

הִבְדִּיל יהוה אֶת־יִשְׂרָאֵל מִכָּל־הַגּוֹיִם : דָּרְיָוֶשׁ[1] הַמֶּלֶךְ עַל[2]
מַלְכוּת כַּשְׂדִּים[3] : הִזְקִין דָּוִיד הַמֶּלֶךְ : תַּכְבִּיד אֶת־הַכֹּהֵן :
יָשְׁלַךְ הַצַּדִּיק עַל[2] יהוה : לֹא תָבְקַע יְרוּשָׁלַיִם[4] עִיר אֱלֹהִים :
אשמיד את הבית[5] אשר בִּירוּשָׁלַיִם[4] : השלכתי את הָעָם[6]
הזה מפני[7] הארץ : נתן יְהוֹאָשׁ[8] למלך אֲרָם[9] את כל
הַכֵּלִים[10] אשר הקדישו האבות[11] : יבדיל אלהים בין הישר
ובין הרשע :

1. *Darius* — 2. R. עלה — 3. *les Chaldéens* — 4. *Jérusalem* — 5. cherchez בות — 6. R. עמם — 7. R. פנה — 8. *Joas* — 9. *Aram* — 10. pluriel de כְּלִי, R. כלה — 11. plur. irrég. de אָב.

Exercice 38.

Thème. — Les princes[1] d'Israël[2] offrirent[3] un sacrifice[4] à Yahweh. — Dieu chassa[5] les Cananéens[6] pour faire posséder[7] à Israël[2] le pays[8]. — J'ai fait régner[9] David[10] sur[11] Israël[2]. — Je détruirai[12] les ennemis[13] de ce peuple[14], plus grand[15] que toutes[16] les nations[17] qui sont[18] sur[11] la terre[8]. — Malheur[19] à ceux qui justifient[20] l'impie[21]!

1. R. נשׂא — 2. יִשְׂרָאֵל — 3. R. קרב — 4. R. מנח — 5. R. גרשׁ — 6. R. כְּנַעֲנִים — 7. R. נחל; ici le Hip^{h}'îl gouverne deux accusatifs — 8. הָאָרֶץ — 9. R. מלך — 10. דָּוִיד — 11. *sur*, עַל — 12. R. כרת — 13. R. איב — 14. R. עמם — 15. R. גדל — 16. R. כלל — 17. R. גוה — 18. Le verbe *être* peut se supprimer — 19. הוֹי, *malheur!* la préposition *à* peut se supprimer — 20. *ceux qui justifient = les justifiant*, R. צדק — 21. R. רשׁע.

81. — Les conjugaisons réfléchies.

Ce sont *le Nip^{h}'al et le Hit^{h}pa'êl.*

Le **Nip^{h}'al** est le réfléchi du Qal, quelquefois aussi du Pi'êl et du Hip^{h}'îl. Le sens réfléchi conduit à l'idée de réciprocité (par ex. « s'entraider ») et d'action collective (par ex. « s'assembler »). Le Nip^{h}'al dit tolératif suppose chez le sujet l'intention de subir une action : ainsi se laisser interroger, en vue de répondre; se laisser corriger, en vue de se corriger.

Le Nip^{h}'al en arrive tout naturellement à exprimer le passif, en vertu du lien très étroit qui existe entre réfléchi et passif : se faire voir, c'est être vu; dire que la porte s'est ouverte, c'est dire qu'elle l'est en effet. Aussi le Nip^{h}'al sert-il de passif au Qal, qui n'en a plus; et même au Pi'êl et au Hip^{h}'îl, qui ont chacun le leur.

Enfin, surtout dans les verbes intransitifs, le Nip^{h}'al peut simplement doubler le Qal : par ex. « être sot » et « se montrer sot ».

82. — On peut croire que le Nip^{h}'al était *primitivement caractérisé par* le préfixe « hina » composé de deux particules démonstratives, ce préfixe a pris le sens de pronom réfléchi. La langue biblique a retenu « ni », dérivé de « na », devant le radical du parfait, de l'infinitif absolu et du participe. Dans les autres temps, le préfixe est « hin ».

On a donc : *au parfait*, נִקְטַל (pour « naqtal »), נִקְטְלָה, etc. ; — à *l'infinitif absolu*, נִקְטֹל ; — au *participe*, נִקְטָל. Le participe est, comme on le voit, semblable au parfait, sauf la dernière voyelle qâmèṣ : elle s'explique par le fait que le participe est considéré comme un nom : cf. דָּבָר.

A l'imparfait, on a יִקָּטֵל, pour y^ehinqâtêl : le hé est en effet syncopé après la préformante ponctuée š^ewâ', et le nun est assimilé. L'addition des désinences suit les mêmes règles qu'au Qal.

Infinitif construit et impératif : הִקָּטֵל.

83. — Le Hit^hpa'êl est le réfléchi du Pi'êl. Il en adopte donc les nuances et y joint l'idée de réfléchi. Ainsi au Qal, « être saint » ; au Pi'êl, « sanctifier » ou « déclarer saint » ; au Hit^hpa'êl, « se sanctifier » ou « se conduire en saint ». Comme le Nip^h'al, le Hit^hpa'êl peut indiquer la réciprocité de l'action collective et aboutir au sens passif. Il signifie aussi l'attitude qu'on prend : par ex., faire les actes d'un prophète, vrai ou faux. Enfin dans quelques cas, le Hit^hpaêl équivaut à peu près au Qal ou au Pi'êl.

Puisqu'il est basé sur le Pi'êl, le Hit^hpa'êl a pour caractéristique le *redoublement de la* 2e *radicale*. De plus, il comporte le *préfixe* « hith », qui d'après certains vient du primitif « hita », lequel serait composé de deux particules démonstratives.

Le thème de toute la conjugaison est קַטֵּל. On a donc au parfait, הִתְקַטֵּל, etc. ; à l'imparfait יִתְקַטֵּל etc., avec syncope du ה ; à l'infinitif et à l'impératif, הִתְקַטֵּל ; au participe, מִתְקַטֵּל.

La présence du ת, dans le préfixe de cette conjugaison, donne lieu à des phénomènes de métathèse, d'assimilation et de permutation (24). Ex. de métathèse : הִשְׁתַּמֵּר, pour הִתְשַׁמֵּר* ; d'assimilation : מִדַּבֵּר, pour מִתְדַּבֵּר* ; de permutation jointe à une métathèse : הִצְטַדֵּק, pour הִתְצַדֵּק*.

Exercice 39.

Version et exercice de vocalisation.

הִתְאַזְּרוּ הַגִּבּוֹרִים לְמִלְחָמָה : הִתְהַלְּכוּ כְּמִצְוַת[1] יהוה : אֵיךְ[2] הִתְגַּדַּלְתָּ וְהִתְהַלַּכְתָּ בְּמִשְׁפְּטֵי הַגּוֹיִם[3] : אִם[4] יִזְכֹּר יִשְׂרָאֵל[5] אֵת עֲוֹנוֹת[6] אֲשֶׁר עָשָׂה יְכַלֵּם עַד[7]־עוֹלָם : יִשַּׁבְּרוּ שִׁנֵּי[8] רְשָׁעִים :

אנקם מרשעים אויבי אלהים : אַבְרָהָם[9] עשה משתה[10] גדול ביום הגמל יִצְחָק[11] : כסף נבחר לשון צדיק : אש וגפרית אמטיר על[12] הֶערים[13] האלה : התגדלתי והתקדשתי לעיני[14] הגוים[3] :

1. R. צוה — 2. אֵיךְ, voir sous אֵי — 3. R. גוה — 4. אִם, *si* — 5. *Israël* — 6. R. עוה — 7. R. עדה — 8. R. שׁנן — 9. *Abraham* — 10. R. שׁתה — 11. *Isaac* — 12. עַל, *sur* — 13. plur. de עִיר, *ville* — 14. plur. constr. de עַיִן.

Exercice 40.

Thème. — Israël[1] ne[2] se sépara[3] pas des nations[4]. — Le roi[5] d'Assur[6] combattra[7] contre[8] Samarie[9] et la ville[10] sera brûlée[11]. — Comment[12] échapperas[13]-tu à[14] l'ennemi[15] et te cacheras[16]-tu ? — Rébecca[17] prit[18] un voile[19] pour se cacher[16] aux[14] yeux[20] d'Isaac[21]. — Ils ne purent[22] se justifier[23] devant[24] Yahweh.

1. יִשְׂרָאֵל — 2. *ne.... pas*, לֹא, qui se place avant le verbe — 3. R. בדל ; le verbe se met d'ordinaire avant le sujet — 4. R. גוה — 5. *roi*, מֶלֶךְ — 6. אַשּׁוּר — 7. R. לחם — 8 *contre*, ב — 9. שֹׁמְרוֹן — 10. chercher עִיר — 11. R. שׂרף — 12. chercher אֵי — 13. R. מלט — 14. *à*, מִן ou מִ — 15. R. איב — 16. R. סתר — 17. רִבְקָה — 18. R. לקח — 19 *voile*, צָעִיף — 20. R. עין — 21. יִצְחָק — 22. R. יכל — 23. R. צדק — 24. R. פנה.

Exercice 41.

1° Conjuguer aux formes dérivées les verbes מָלַךְ, סָגַר, שָׁכַב.

2° Quelles sont, en tenant compte de toutes les conjugaisons, les formes possibles de : הצדקת, תזכרו, הבדילה, לכדו, נשפטה, אבגד, יתפש, נצפן, שקדי, שמרה, פקדת, כבדתי ?

3° Compléter la ponctuation des mots suivants et les analyser : סְמכנה, חשמר, הַשמד, מבַקשת, יָקטלו, גִּנבתי, תזּכרו.

Exercice 42.

VERSION ET EXERCICE DE VOCALISATION.

שִׁמְעוּ שָׁמַיִם[1] וְהַקְשִׁיבִי אֶרֶץ : סְפֹדְנָה בְּתוּלוֹת יְרוּשָׁלַיִם[2]
כִּי[3] נִמְנְעָה מִמִּזְבַּח אֱלֹהִים מִנְחָה : בָּנִים[4] מַשְׁחִיתִים עָזְבוּ
אֵת יהוה : הִשְׁלִיךְ אֶת־הַתְּאֵנָה : הִלְבִּינָה תְּאֵנָה
הָכְרַת מִנְחָה וָנֶסֶךְ מֵהֵיכַל אֱלֹהִים שֻׁדַּד שָׂדֶה אָבְלָה אֲדָמָה :
ירגזו כל[5]־יושבי הָעיר כי מתהלך בארץ עם[6] עָצוּם קול
הָעם[6] הזה כקול מרכבות על[7] הֶהרים ירקדו כגבורים :
יכתבו ספרים אל[8]־כל[5]־שרי הָעָם[6] להשמיד ולאבד את־כל[5]־
היהודים : יחות מלביש ערומים משבית מלחָמות קֶשֶׁת[9]
ישבר יקצץ חנית[10] עגלות ישרף באש : יתיצבו רוזנים
על[7] הַמָּשִׁיחַ[11] : מלכים השׂכִּילו עבדו את־יהוה ברעדה :
יקבר המלך בעיר דָּוִיד : השמן את־לב הָעם הַזֶּה ואזני
ישׂראל הכבד : אמרתי אל[8]־הַמֶּלֶךְ השמר והשקט :

1. R. שׁמה — 2. *Jérusalem* — 3. *parce que* — 4. plur. de בֵּן — 5. R. כלל — 6. R. עמם — 7. על, *sur* — 8. אֶל־, *vers* — 9. chercher קוּשׁ — 10. R. חנה — 11. R. משׁח.

Exercice 43.

THÈME. — Les dents[1] des méchants[2] seront brisées[3]. — Je me vengerai[4] des ennemis[5] de Yahweh et il sera glorifié[6]. —

Le prêtre[7] a fait l'expiation[8] de la faute[9]. — Les vignerons[10] ôtèrent les pierres[11] de la vigne[10]. — Vous avez couvert de honte[12] les justes[13] et vous avez justifié[13] les méchants[2]. — Pharaon[14] revêtit[15] Joseph[16] d'un habit[15] de fin lin[17].

1. R. שׁנן — 2. R. רשׁע — 3. R. שׁבר — 4. R. נקם (*de* se rend ici par מִן) — 5. R. איב — 6. R. כבד — 7. R. כהן — 8. *faire l'expiation*, pi'èl de כפר (*de* se rend par עַל) — 9. R. עוה — 10. R. כרם — 11. *ôter les pierres de*, pi'èl de סקל, verbe actif — 12. *couvrir de honte*, Hiph'il de כלם — 13. R. צדק — 14. פַּרְעֹה — 15. R. לבשׁ — 16. יוֹסֵף — 17. *fin lin*, שֵׁשׁ.

Exercice 44.

Analyse verbale et exercice de vocalisation.

(1) מָכוּר מֹכֵר מִכְרִי כָּרַ֫תְנוּ רָדַ֫פְתִּי שָׁלְחָה שְׁלַחְתֶּם צָחַקְתְּ שְׁפֹךְ שָׁבוּר׃

(1b) מכרתם כָרתי שפוכות שׁפכים אֶשׁפט יקבצו תגנבנה נשׁפָךְ הרומשׁ קבורים׃

(2) שְׁבוּרָה שְׁבוּרֵי (לֵב) נִפְקְחוּ דִּבֵּר הָקְבְּצוּ יְפָרֵד נִשְׁפֵּךְ נִסְתַּר בִּקַּ֫שְׁתְּ בַּקְּשׁוּ׃

(2b) נִשְׁמֶרֶת הָמְלַט הִשָּׁמַרְנָה אֶכַּבֵּד הִנְשׁאר בִּקשׁתי אבקשׁ בקשׁי הֲטחו בִּטחו׃

(3) דַּבְּרוּ לַמֵּ֫דְנָה דַּבֵּר מְבַקֵּשׁ שִׁלְּחָה יְלֹדָה תְּלֻקְּטוּ יְלַדְתֶּם מְדֻבָּר׃

(3b) מרַגלים מְדֻברים משׁחיתות מָשׁלכים השׁחיתה השׁחיתי נשׁחית השׁחת הִבדלתם הַשׁלךְ׃

(4) הַשְׁלִ֫יכִי הַשְׁלֵ֫כְנָה אַשְׁלִיךְ תַּשְׁלֵךְ נַשְׁלִיךְ מַזְכִּיר מַקְרִיבֵי הָשְׁלַ֫כְתְּ הָשְׁלְכוּ יָשְׁלְכוּ׃

(4b) מְשׁכב התהלך התאפקו התהלכנה אתהלך השׁתמר תסתבל יצטדקו נִטַּמא נִצַּדק׃

§ III. — LES SUFFIXES DU VERBE
(Paradigme XVII, p. 26*-27*)

84. — Les verbes ont leurs pronoms suffixes, tout comme les noms. Au parfait, à l'imparfait et à l'impératif, le pronom suffixe est toujours complément objet. De même au participe présent. A l'infinitif, il peut être sujet ou objet : « le garder de moi » peut signifier « je garde » ou « on me garde ». Au participe passé, le pronom suffixe est toujours sujet : « le gardé de moi » peut seulement signifier « ce que je garde ». — Sauf exception très particulière, les suffixes verbaux n'existent pas au passif. Ils n'ont jamais non plus de sens réfléchi.

85. — Leur liste a été donnée ci-dessus parallèlement à celle des suffixes nominaux **(57)**.

Pour les joindre au verbe, il faut observer les règles suivantes.

a) Si la forme verbale se termine par une consonne et que le pronom commence lui-même par une consonne, on recourt à une voyelle de liaison qui sera ordinairement a long ou bref au parfait, ê ou è dans les autres temps. Ainsi קְטָלָם, « il les a tués »; יִקְטְלֵם, « il les tuera »; קָטְלֵם « tue-les »; קְטָלַתֶךְ, « elle t'a tuée ».

b) Le ton se met toujours sur les suffixes lourds, et sur celui de la 2e pers. masc. sing., lorsqu'il est précédé d'un šᵉwâ, mais jamais sur les autres. Il affecte souvent la voyelle de liaison : קְטָלַנִי, יִקְטְלֵנִי.

c) Par le fait de l'adjonction des suffixes, la forme verbale subit des modifications. Des voyelles tombent : au lieu de יִקְטֹל, on a יִקְטְלֵנִי, « il me tuera »; au lieu de יִקְטַל, on a יִקְטְלֵנִי; des voyelles sont déplacées : קְטֹל donne avec suffixe קָטְלֵנִי, « tue-moi »; קָטְלָה donne קְטָלַתְהוּ, « elle l'a tué ». On voit par ce dernier exemple que le verbe peut faire retour à sa forme primitive : קָטְלָה était primitivement qatalat.

86. — Outre les suffixes mentionnés ci-dessus, il n'est pas rare d'en rencontrer d'autres qui sont formés avec *le nun dit* *épenthétique*, c'est-à-dire intercalé, ou mieux énergique : il fait penser, en effet, aux terminaisons « an » et « anna » de l'énergique arabe. Ces pronoms s'unissent aux formes de l'imparfait ou de l'impératif dépourvues de désinences, et utilisent les voyelles de liaison a, et plus souvent è. On a ainsi la série :

ַ נִּי, pour an^{e}ni, תִּקְטְלַנִּי
ֶ ךָּ, » ènkâ, אֶקְטְלֶךָּ
ֶ נּוּ, » ènhû, יִקְטְלֶנּוּ
ֶ נָּה, » ènhâ, אֶקְטְלֶנָּה

Exercice 45.

Version. — : תְּלַמְּדֵנִי אֵת [1]תּוֹרָתֶךָ : גּוֹיִם [2]רַבִּים יְדָעוּךָ :
: זְכוֹר אֶת־יוֹם הַשַּׁבָּת לְקַדְּשׁוֹ : בַּקֵּשׁ שָׁלוֹם וְרָדְפֵהוּ :
אֲנִי יֹצֶרְךָ גֹּאַלְתִּיךָ יִשְׂרָאֵל : מָה בֶן־אָדָם כִּי תִפְקְדֶנּוּ :

1. R. ירה — 2. R. רבב.

Exercice 46.

Thème. — Je vous enseignerai[1] la crainte[2] de Yahweh. — Le Seigneur[3] m'a gardé[4]. — Tes ennemis[5] t'ont poursuivi. — Le Dieu d'Israël les jugera[6]. — Ils se confient[7] en toi, ceux qui connaissent[8] ta gloire[9].

1. למד (Pi'êl) — 2. R. ירא — 3. אֲדֹנָי — 4. שׁמר — 5. איב — 6. שׁפט — 7. בטח בְּ — 8. ידע — R. כבד.

§ IV. — LES PARTICULES NÉGATIVES

87. — Les plus fréquentes sont les suivantes : לֹא, « non, ne... pas », se place avant le verbe, quel qu'en soit le temps. — אַל est la négation prohibitive. Elle se place devant le *volitif* de la 2e personne : אַל תִּשְׁמֹר, « ne garde pas ». Mais quand il s'agit d'un commandement solennel, on emploie לֹא avec l'imparfait : לֹא תִרְצָח, « tu ne tueras point » : — אַיִן, employé surtout dans sa forme légère אֵין, équivaut à « il n'y a pas », « il n'est pas » : אֵין עוֹזֵר, « il n'y a pas de secourant ». A cet adverbe de non existence, s'oppose יֵשׁ, « il y a ».

On peut noter encore les négations beaucoup plus rares : בַּל, « ne.. pas » ; בְּלִי, בִּלְתִּי, « sans », « sans que », « ne. pas ».

Exercice 47.

VERSION ET EXERCICE DE VOCALISATION.

כֹּה אָמַר יהוה אֱלֹהֵי צְבָאוֹת הַמְעָרַת[1] פְּרִיצִים הָיָה הַבַּיִת[2]
הַזֶּה : אַל־תִּשְׁלַח יָד אֶל־הַנַּעַר הַזֶּה : לֹא אֵל[3] חָפֵץ רֶשַׁע
אַתָּה : בַּיָּמִים[4] הָאֵלֶּה אֵין מֶלֶךְ בְּיִשְׂרָאֵל : אֵין אֱלֹהִים
כָּל־מְזִמּוֹת[5] הָרָשָׁע : אֵיכָה יָשְׁבָה בָדָד הָעִיר הַגְּדוֹלָה עִיר
הָאֱלֹהִים :

הלאויב אתה אם־לעם[6]־אלהים : האנכי נלחמתי בעיר
הזה אם אנכי הרגתי האנשים[7] האלה : התשפט את עיר
הדמים[8] : ויתר דברי אלהים הלא הם כתובים בספר
התורה : שמעו השרים[9] את הדברים אשר הנביא
מדבר אל־כל־העם[6] ואת הנביא שלחו אל־הבור :

1. R. עור — 2. R. בות — 3. R. אול — 4. R. יום — 5. R. זמם — 6. R. עמם — 7. chercher אִישׁ — 8. R. chercher sous אדם — 9. R. שׂרר.

Exercice 48.

THÈME. — Ne refusez[1] pas le pain[2] au pauvre[3]. — Il n'y a pas de sage[4], il n'y a pas de prudent[5] en Israël[6], pas de prophète[7] qui garde[8] la loi[9] de Dieu. — As-tu parlé[10] aux enfants[11] qui sont[12] dans la ville[13] ? — Entendras[14]-tu la voix[15] de Dieu, ou bien prêteras-tu l'oreille[16] aux méchants[17] ? — N'as-tu pas marché[18] dans la voie[19] des pécheurs[20] ?

1. R. מנע (*à* se rend ici par מִ) — 2. R. לחם — 3. R. אבה — 4. R. חכם — 5. R. שׂכל — 6. יִשְׂרָאֵל — 7. R. נבא — 8. *qui garde* = *gardant*, R. שׁמר — 9. R. ירה — 10. R. דבר — 11. בֵּן, plur. בָּנִים — 12. supprimer ce verbe *être* — 13. chercher עיר — 14. R. שׁמע — 15. R. קול — 16. R. קשׁב — 17. R. רשׁע — 18. R. הלך — 19. R. דרך — 20. R. חטא.

CHAPITRE VII

LES VERBES GUTTURAUX

88. — On appelle ainsi ceux qui ont, au nombre de leurs radicales, une ou deux des consonnes gutturales, à savoir א et ה forts, ח et ע. Il faut y joindre le ר, qui pour l'ordinaire, présente les mêmes particularités que les gutturales proprement dites.

On a dit plus haut **(26)** quelles sont les exigences de ces consonnes. Elles se résument en deux principes : inaptitude au redoublement explicite et au šᵉwâ' simple; préférence pour la voyelle a, quelquefois è ou même o. Ces principes, avec leurs conséquences, expliquent toutes les particularités des verbes gutturaux.

Ces derniers se divisent naturellement en *trois catégories*, selon que la gutturale est 1re, 2e ou 3e radicale. Par référence à l'ancien paradigme פָּעַל **(63)**, on dit qu'ils sont פ guttural, ע guttural ou ל guttural.

§ I. — VERBES פ GUTTURAL

(Paradigme VI, p. 10*-11*)

89. — Les deux principes rappelés ci-dessus trouvent leur application.

1° L'inaptitude au redoublement entraîne dans la seconde partie de la conjugaison Nipʰal *l'allongement de la voyelle précédente.* Au lieu de הִקָּטֵל, יִקָּטֵל, on a הֵעָמֵד, יֵעָמֵד. On ne trouve pas d'exemples du redoublement virtuel.

2° Les modifications vocaliques sont les suivantes :

a) A l'imparfait Qal, au lieu de la voyelle auxiliaire ḥirèq

(יִקְטֹל), on a normalement *pat^hah* pour les verbes d'action : יַחְמֹד, « il convoitera », et *s^eg^hôl* pour les verbes d'état : יֶחֱזַק, « il sera fort ». Cependant, le א préformante de la 1re personne est régulièrement vocalisé en è, aussi bien pour les actifs que pour les statifs : אֶחְמֹד. Il en va de même, à toutes les personnes, chez les actifs dont la 1re radicale est א : ainsi יֶאְסֹר, « il liera ».

b) *Le š^ewâ' composé* apparaît dans tous les cas où la 1re radicale aurait ailleurs un š^ewâ' simple; sa couleur varie : ainsi on a עֲמַדְתֶּם, עֲמֹד, נַעֲמֹד, selon la loi générale de la préférence pour le son a; mais aussi אֶעֱמֹד, pour l'harmonisation avec le s^eg^hôl, préféré par א; — on a נַעֲמֹד (inf. abs. Nip^hal), en accord avec la forme primitive naqtôl, mais aussi נֶעֱמַד (même conjugaison, au parf.), conformément à la ponctuation actuelle, dans l'état biblique de la langue; — on a aussi הָעֳמַד, יָעֳמַד, מָעֳמָד, au Hophal, pour maintenir la vocalisation caractéristique du passif. Enfin, il arrive que le š^ewâ' simple persiste, surtout avec ח : יַחְמֹד, « il convoitera »; יֶחְסַר, « il manquera »; נֶהְפַּךְ, « il s'est retourné », נַעְתּוֹר, « se montrer propice ».

90. — **Le א 1re radicale** (Paradigme VII, p. 11*) est faible dans les cinq verbes suivants : אָבַד, « périr »; אָבָה, « vouloir »; אָכַל, « manger »; אָמַר, « dire »; אָפָה, « cuire ». Les particularités de leur flexion sont adoptées ici et là par les trois verbes אָהַב, « aimer »; אָחַז, « saisir »; אָסַף, « réunir ».

A l'imparfait Qal, les פ״א vocalisent leur préformante avec un ô, dérivé de l'a primitif. La 2e voyelle est un ê moyen qui peut s'altérer en a ou en è. On a donc תֹּאכַל, תֹּאמַר; יֹאמַר; וַיֹּאמֶר. Le א quiescent peut se supprimer dans l'écriture : אֹמַר (pour אֹאמַר); תֹּמְרוּ (pour תֹּאמְרוּ).

A l'infinitif construit Qal, le א devient fort après les préfixes ב, כ, ל : לֶאֱכֹל, בֶּאֱמֹר. Il n'y a d'exception que pour la formule très fréquente לֵאמֹר (pour לֶאֱמֹר*), « en disant ».

Exercice 49.

Identifier et expliquer les formes suivantes : עִבְרִי — חֲדַל — יַעֲזָבְךָ — הֶחֱסִירָנוּ — יֵהָרֵג — תֶּחֱשַׁכְנָה — הָחֵתֶל נֶעְזַר — וַיַּאֲכִלְךָ — יֵאָסְפָא — אָמַר — אֹמֵר — אֱהָבָה —

§ II. — VERBES ע GUTTURAL
(Paradigme IX, p. 14*).

91. — 1º Le cas du *redoublement compensé ou virtuel* se présente pour les formes intensives Pi'êl, Pu'al, Hit^h^pa'êl. La plupart du temps, le redoublement est compensé : בֵּרַךְ, « il a béni » ; Pu'al בֹּרַךְ ; Hit^h^pa'êl יִתְבָּרֵךְ. Le redoublement virtuel est commun avec ה, ח, ע : בִּהֵל, « il a effrayé » ; רִחַץ, « il a été lavé » ; בִּעֵר, « il a brûlé » ; on le rencontre exceptionnellement avec le א, dans les deux verbes suivants : נִאֵף, « il a commis l'adultère » ; נִאֵץ, « il a méprisé ».

2º *Sous la gutturale, le ḥâṭêp^h^* remplace le š^e^wâ' mobile שָׁחֲטָה, pour קָטְלָה ; תִּשְׁחֲטִי, pour תִּקְטְלִי ; נִשְׁחֲטָה, pour נִקְטְלָה, etc. La voyelle de l'impératif et de l'imparfait Qal est la plupart du temps supplantée par un pat^h^aḥ : זְעַק, « crie » ; יִשְׁחַט, « il immolera ». Les formes en question pourraient alors être confondues avec les formes correspondantes des verbes statifs : כְּבַד, יִכְבַּד (71, 72). — A l'impératif, on a שַׁחֲטִי. שַׁחֲטוּ (au lieu de קִטְלִי, קִטְלוּ) : le pat^h^aḥ de שְׁחַט passe en effet sous la 1re consonne, par analogie avec la forme primitive des statifs kab^he^d^h^î, kab^he^d^h^û. Ainsi vocalisé, l'impératif Qal risque d'être confondu avec le temps correspondant d'un Pi'êl à 2e gutturale virtuellement redoublée. — Théoriquement, l'infinitif construit devrait se vocaliser כְּבַד* comme l'impératif et l'imparfait : en fait, il garde le ḥôlèm, qui est sa voyelle caractéristique.

Exercice 50.

Identifier et expliquer les formes suivantes :

אֱהַב — טֹרֶף — בְּעֵרוּ — הָחְתֵּל — שְׁאַל — שְׁאֹל — הִלָּחֵמוּ — וַיִּזְעָקוּ — יְמָאֶסְךָ — לְהִתְנַחֵם.

§ III. — VERBES ל GUTTURAL (Paradigme VIII, p. 12*-13*).

92. — Les particularités ne peuvent ici concerner que les voyelles. Deux cas sont à distinguer :

1° *Les voyelles finales permutables* cèdent la place à un patʰaḥ : par ex. שִׁלַּח, יְשַׁלַּח, au lieu de קִטֵּל, יְקַטֵּל ; שַׁלַּח, הִשְׁתַּלַּח, au lieu de קַטֵּל, הִתְקַטֵּל.

2° *Les voyelles impermutables* demeurent, et on insère un patʰaḥ furtif entre la voyelle et la gutturale. Il en est ainsi quand la forme comporte une voyelle longue : שָׁלוֹחַ ; שָׁלוּחַ ; נִשְׁלוֹחַ ; מַשְׁלִיחַ ou lorsqu'elle est pausale : שָׂמֵחַ, « il s'est réjoui », הִשְׁתַּלֵּחַ. — Même en dehors de la pause, la voyelle è a le privilège de se maintenir au participe actif Qal שֹׁלֵחַ et à l'infinitif absolu Pi'êl שַׁלֵּחַ. Il en va de même de la voyelle moyenne ô à l'infinitif construit Qal שְׁלֹחַ.

N. B. — *Dans tous les parfaits, à la 2e pers. fém. sing.*, la gutturale remplace le šᵉwâ' par un patʰaḥ, à titre de voyelle auxiliaire ; et le ת de la désinence garde la prononciation dure qu'il a dans le verbe régulier : שָׁלַחַתְּ, נִשְׁלַחַתְּ, שִׁלַּחַתְּ, etc., au lieu de קָטַלְתְּ, נִקְטַלְתְּ, etc.

Exercice 51.

Identifier et expliquer les formes suivantes :

בֹּרֵחַ — הִצְלִיחַ — יְשַׁלַּח — שָׁכַחַתְּ — יְדַעֲנוּךָ — מִשַּׁחְתּוֹ — שָׁלְחִי — שִׂמַּח — נִבְקַע — תִּפָּקַחְנָה

CHAPITRE VIII

LES VERBES FAIBLES

93. — On appelle ainsi les verbes qui ont une 1re ou 3e radicale faible; ceux qui ont la même consonne comme 2e et 3e radicales; enfin ceux qui sont réduits normalement à un état bilittère, avec la voyelle ֹ ou la voyelle ִי.

Conformément au vocabulaire reçu **(51)**, on les appelle verbes פ״ן, פ״י, פ״א ou ל״א, ל״ה — ע״ע — ע״ו, ע״י.

§ I. — VERBES פ״ן (Paradigme X, p. 15*).

94. — Leur flexion est gouvernée par les deux principes suivants :

1° *Le nun pourvu du šewâ' quiescent* s'assimile à la consonne suivante. Ainsi en est-il à l'imparfait Qal, au parfait et participe Nipʰʻal, dans tout le Hipʰʻîl, et dans tout le Hopʰʻal. On a, par exemple, נִגַּשׁ (Nipʰ), הִגִּישׁ (Hipʰ), הֻגַּשׁ (Hopʰ). Il résulte de là que le Nipʰʻal et le Piʻêl peuvent se confondre, dans les verbes à 3e gutturale : נִגַּע au Nipʰʻal, « être frappé »; au Piʻêl, « frapper ». — L'assimilation n'a pas lieu devant une gutturale : יִנְהַג, « il conduira »; ni en pause יִנְצֹרוּ, « ils garderont », au lieu de יִצְּרוּ.

2° Dans un certain nombre de verbes qui ont l'imparfait en a, le nun ponctué šᵉwâ' disparaît par *aphérèse* lorsqu'il est en tête du mot : ainsi à l'impératif Qal, גַּשׁ, pour נְגַשׁ. A l'infinitif construit Qal, le mot ainsi réduit prend la désinence féminine archaïque ת, sans doute par retour instinctif au trilittéralisme. On donne à ces consonnes la vocalisation en double sᵉgʰôl, et le ton est milᵉʻêl : on a ainsi un véritable nom ségolé, qui se flexionne selon les règles ordinaires : גֶּשֶׁת, גִּשְׁתָּם· גִּשְׁתּוֹ. Avec une gutturale : גַּעַת, « frapper »; טַעַת, « planter ».

95. — *Le verbe* נָתַן, « *donner, placer* » assimile aussi sa 3e radicale : נָתַתִּי (au parf. Qal); à l'imparfait, il est vocalisé en ê : יִתֵּן; à l'infinitif construit, à côté de la forme régulière נְתֹן, on trouve תֵּת, et avec les suffixes תִּתִּי, תִּתְּךָ. — Le verbe לָקַח suit la flexion des פ״ן à l'imparfait Qal יִקַּח, à l'impératif קַח, à l'infinitif construit קַחַת, et à l'imparfait Hopʰʿal יֻקַּח.

Exercice 52.

Identifier et expliquer les formes suivantes :

מַצִּיל — תִּטְּעִי — טַעַת — נִצָּב — הִגַּדְתִּי — תִּגְּעוּ —
בְּקַחְתּוֹ — וַיִּפֹּל — תְּנִי — תִּקַּח — הַבֵּט — שַׁל — נִגָּפִים.

§ II. — VERBES פ״י (paradigme XII, p. 18*-19*).

96. Les פ״י se divisent en trois catégories, selon que le yod est assimilant, primitif, ou qu'il a supplanté un waw primitif.

Les פ״י assimilants sont ainsi nommés parce que leur yod s'assimile à la lettre suivante, qui est ordinairement un צ. Ils sont peu nombreux et suivent en tout ou partie les règles de la flexion des פ״ן. Ainsi יָצַע, « il a étendu », Hipʰ. הִצִּיעַ; יָצַת, « il a brûlé », Qal imparf. יִצַּת; יָצַק, « il a répandu », Qal inf. constr. צֶקֶת.

97. — **Les פ״י primitifs** ont gardé leur première radicale à travers les vicissitudes de la langue. Ils sont en petit nombre, et tous statifs. Leur yod devient quiescent. A l'imparfait Qal on a, avec la vocalisation des statifs : יִיקַץ, « il s'éveillera »... Au Hipʰʿîl, le yod a formé, avec l'a primitif qui le précédait, une diphtongue ay, qui s'est contractée en ê, d'où הֵיטִיב, « il est bon », partic. מֵיטִיב.

98. — Les פ״י primitivement פ״ו.

C'est à beaucoup près la catégorie la plus nombreuse.

Le waw s'est maintenu au Nipʿal, au Hipʿîl, au Hopʿal et partiellement au Hitpaʿël. Tantôt il garde sa valeur de consonne : יִוָּשֵׁב, הִוָּשֵׁב (imparf. et inf. constr. Nipʿal) ; יִתְוַדַּע, « il se fera connaître » (imparf. Hitp.) ; tantôt il forme, avec le a primitif qui le précédait, une diphtongue *aw* qui se contracte en *ô* : נוֹשָׁב (parf. Nip.) ; הוֹשִׁיב (parf. Hip.). Au Hopʿal la contraction avec le u primitif aboutit à הוּשַׁב.

Sept verbes qui avaient remplacé le waw par yod ponctuent en ṣêrê la préformante de l'imparfait Qal. Ce ṣêrê vient de la contraction de l'a primitif avec le yod 1re radicale : יֵשֵׁב ; יֵצֵא, « il sortira », יֵדַע, « il connaîtra »... Les mêmes verbes subissent à l'infinitif construit et à l'impératif Qal l'aphérèse du yod, et ajoutent l'ancienne désinence féminine ת : שֶׁבֶת, צֵאת (pour צֶאֶת), דַּעַת. Les autres פ״ו adoptent à ces mêmes temps la ponctuation des פ׳י primitifs : יָרֵא, « craindre », יְרֹא, יִירָא ; יָסַד, « fonder », יְסֹד, יָבֵשׁ, « être aride », יְבֹשׁ, יִיבַשׁ. Plusieurs sont hésitants : יָרַשׁ, « posséder », inf. constr. רֶשֶׁת, רִשְׁתּוֹ, mais imparf. יִירַשׁ.

99. — Au Qal imparf. infin. constr. et impér. et au Hipʿîl, le verbe הָלַךְ, « aller », suit la flexion des פ״ו : יֵלֵךְ ; לֶכֶת, לְכִי ; הוֹלִיךְ, יוֹלִיךְ.

Exercice 53.

Identifier et expliquer les formes suivantes :

הֵינִיקָה — הוּבַשׁ — תִּצֹּק — תֵּלַכְנָה — אִינַק — לֶדֶת — הַנּוֹתָרִים — אֲיַסֵּר — אִוָּשֵׁעַ — מוּדַעַת — מוֹרִישׁ — לְרִשְׁתְּךָ.

§ III. — VERBES ע״ע (Paradigme XI, p. 16*-17*).

100. — Les verbes ע״ע, qu'on appelle encore géminés, flottent entre la bilittéralité et la trilittéralité. On peut concevoir qu'ils sont normalement monosyllabiques, avec la 2e radicale redoublée : « sabb ».

Dans la littérature biblique ils se présentent sous **trois états différents** :

1° *Un état trilittère,* conforme à celui du verbe régulier. Ainsi trouve-t-on au Qal infin. abs. סָבוֹב, partic. act. סוֹבֵב et passif סָבוּב. Les conjugaisons intensives sont parfois formées à la manière ordinaire : הִלֵּל, « louer »; שֻׁדַּד, « être dévasté »; הִתְפַּלֵּל, « prier ». Mais souvent, pour éviter l'occurrence de trois consonnes identiques, elles sont du type Pô‘êl, Pô‘al et Hit^{h}pô‘êl : יְהוֹלֵל, « il rend insensé »; מְהוֹלָל « dépourvu de sens », יִשְׁתּוֹלְלוּ (de שָׁלַל), « ils seront pillés[1] ». — Enfin la forme trilittère commune vient parfois doubler la forme bilittère זָמַמְתִּי, « j'ai pensé », à côté de זַמֹּתִי.

2° *Un état bilittère, avec* 2e *radicale redoublée :* c'est l'état normal *(supra)*. On le rencontre devant les désinences : par ex. Qal, 3e pers. fém. sing. סַבָּה; imparf. 3e pers. pl. תְּסֻבֶּינָה.

3° *Un état bilittère, sans redoublement* de la 2e radicale, à savoir quand elle n'est suivie d'aucune terminaison. Ainsi Qal parf. 3e pers. masc. sing. סַב; Nip^h. id. נָסַב; Hip^h. imparf. יָסֵב.

101. — **Les particularités de la vocalisation** sont les suivantes :

1° *Quand le verbe est réduit à l'état bilittère, avec ou sans redoublement de la deuxième consonne,* il prend comme voyelle celle de la 2e radicale du verbe régulier : סַב (cf. קָטַל); סֹב

1. On rencontre aussi des formes Pilpêl, Pulpal et Hit^{h}palpêl : גִּלְגֵּל, « il a roulé »; תְּשֳׁעֲשָׁעוּ, « vous serez caressés; יִתְמַרְמֵר, « il sera irrité ».

(cf. קְטֹל); יָסֹב (cf. יִקְטֹל); נָסַב (cf. נִקְטַל); הֵסֵב, יָסֵב (au Hip^h., d'après la voyelle primitive i); הוּסַב (cf. הָקְטַל). — A l'imparfait inverti, par suite de la remontée du ton, la voyelle de la racine s'abrège : ainsi on a au Qal וַיָּסָב (au lieu de יָסֹב); au Hip^h'il וַיָּסֶב (au lieu de יָסֵב).

2° *Quand le verbe est bilittère et que sa* 1re *consonne n'est pas redoublée*, les préformantes sont vocalisées soit en a ou en u, soit en e. Les voyelles a et u sont celles du verbe primitif (au Qal imparf., yaqtul; au Hop^h'al, huqtal, yuqtal); ê apparaît ici sous l'influence des פ״י. Les unes et les autres sont moyennes, puisqu'elles se trouvent en syllabe ouverte, par le fait du bilittéralisme de la racine. On a donc à l'imparf. Qal יָסֹב; au Hip^h'il parf. הֵסֵב, imparf. יָסֵב; au Hop^h'al' הוּסַב et יוּסַב. — Il arrive que parallèlement à la forme bilittère ordinaire des verbes géminés, on rencontre aux imparfaits Qal, Hip^h'îl et Hop^h'al une forme araméisante, caractérisée par le redoublement de la 1re radicale. La voyelle des préformantes retourne alors à l'état bref : Hip^h. יַסֵּב; Hop^h. יֻסַּב. Au Qal, le a primitif fait place à l'i de la conjugaison dérivée : יִסֹּב.

3° *Devant les désinences qui commencent par une consonne*, la voyelle de liaison est ô au parfait, è à l'impératif et à l'imparfait. L'apparition de ô s'explique par influence des verbes ל״ו, celle de è par influence des ל״י (105). On a donc סַבּוֹתָ (Qal parf., 2e pers. masc. sing.); הֲסִבּוֹתָ (Hip^h., id.); תְּסֻבֶּינָה (Qal imparf., 3e et 2e pers. fém. pl.); תְּסִבֶּינָה (Hip^h., id.).

Exercice 54.

Identifier et expliquer les formes suivantes : תָּהֹג — בֹּזּוּ — וַיָּחָם — וָאָקֹד — יֵרַע — רָנִּי — רֹנִּי — דַּק — הִמֵּס — יִתְהוֹלָלוּ — תֵּחַן — תָּחֹן — הוּחַל — הֵחֵל — נָשַׁם.

§ IV. — VERBES ע״ו et ע״י (Paradigmes XIII-XIV, p. 19*-21*).

102. — Ces verbes sont dans leur état normal bilittères, avec voyelle longue intercalée : קוּם, « se lever ». בִּין, « comprendre ».

I. — Verbes ע״ו.

1. *La racine* demeure bilittère, sauf aux conjugaisons intensives, qui sont du type Pô'lêl, Pô'lal et Hitʰpô'lêl : מוֹתֵת, « faire mourir »; רוֹמַם, « être élevé »; הִתְמוֹגֵג, « se fondre[1] ».

2. *La voyelle û* demeure au Qal infinitif construit, impératif, imparfait et participe passé : קוּם, יָקוּם. Elle devient ô dans la même conjugaison à l'infinitif absolu קוֹם, au jussif יָקוֹם (imparf. inverti וַיָּקָם), et dans tout le Nipʰ'al : נָקוֹם, הִקּוֹם יִקּוֹם. — Au Qal participe présent, la voyelle est celle qui caractérise les adjectifs verbaux : ainsi בּוֹשׁ, « honteux », מֵת, « mourant », tous deux statifs; mais aussi קָם (verbe d'action). — Au Hipʰ'îl, la racine est vocalisée comme celle du verbe fort : הֵקִים, יָקִים et יָקֵם (cf. הִקְטִיל, יַקְטִיל et יַקְטֵל).

3° *La vocalisation des préformantes et des désinences* est soumise à peu près aux mêmes règles que celle des verbes ע״ע. Comme dans ces derniers et aux mêmes temps, les préformantes ont les voyelles â, ê, û : יָקוּם, נָקוֹם, הֵקִים, הוּקַם. — Devant les désinences qui commencent par une consonne, la voyelle de liaison est è à l'imparfait Qal : תְּקוּמֶינָה, ô dans les parfaits Nipʰ'al et Hipʰ'îl : נְקוּמוֹתִי, הֲקִימוֹתִי.

II. Verbes ע״י.

103. — *En dehors du Qal, ces verbes se conjuguent comme les*

1. On rencontre quelques exemples de formes Pilpêl, Pulpal et Hitʰpalpêl : כִּלְכֵּל, כָּרְכַּל, de כּוּל, « contenir, mesurer »; et même, comme dans les trilittères, des formes Pi'êl, Pu'al, Hitʰpa'êl : עִוֵּד, « entourer », קִיֵּם, « établir » הֶעֱמִיד,

ע״ו, beaucoup plus nombreux. Au Qal infinitif construit, impératif et imparfait, ils gardent, en général, leur voyelle caractéristique : רִיב, « se quereller », יָרִיב ; שִׂים, « placer », יָשִׂים. Le parfait Qal est du type רָב, שָׂם (cf. קָם). Mais il faut toujours s'attendre à un mélange des formes : on rencontre רִיבוֹתָ à côté de רַבֹתָ, et surtout שׂוּם, יָשׂוּם, etc., à côté des formes spécifiquement ע״י.

Exercice 55.

Identifier et expliquer les formes suivantes :

הָסֵר — יִמּוֹל — נְכוֹנָה — הֵנִיעַ — סָרָה — מֵרִים — וַיָּשֶׁב — וַיָּעַט — יוּמְתוּ — נָדוֹן — שׁוּבִי — הֲשִׁיבוּ — יוּשַׁר — מַתָּה.

§ V. — VERBES ל״א (Paradigme XV, p. 22*-23*).

104. — L'irrégularité de ces verbes vient de ce que *le* א *3e radicale est à peu près toujours quiescent.* Par suite, la syllabe à laquelle il appartient reste ouverte, et la voyelle devient moyenne. Cette voyelle est qâmèṣ : מָצָא, מָצָאתָ (cf. קָטַל, קָטַלְתָּ) ou ṣêrê, qui vient de ay ou de i caractéristiques des ל״ה (105) : מְצֵאנוּ, נִמְצֵאתָ (cf. קָטַלְנוּ, נִקְטַלְתָּ). Aux imparfaits et aux impératifs, devant la désinence נָה, ces voyelles cèdent la place au s^eg^hôl (tonique) : מְצֶאנָה, תִּמְצֶאנָה, תִּמָּצֶאנָה.. (cf. קְטֹלְנָה, תִּקְטֹלְנָה, תִּקָּטַלְנָה..).

L'imparfait Qal est en a, comme dans les statifs : יִמְצָא (cf. יִכְבַּד). De même l'impératif : מְצָא (cf. כְּבַד), mais l'infinitif construit garde la voyelle ô : מְצֹא. — La préformante du Hop^h'al reste ponctuée en u, comme primitivement : הֻמְצָא, יֻמְצָא, מֻמְצָא.

L'analogie qui existe *entre les* ל״א *et les* ל״ה (104) fait qu'ils mélangent leurs formes : יִכְלֶה, de כָּלָא, pour יִכְלָא,

« il retiendra »; אֶרְפָּה, à côté de אֶרְפָּא, imparf. Qal de רָפָא, « guérir »; קְרֹאת, à côté de קְרֹא, infin. construit Qal de קָרָא, « appeler »; יְשַׁנֶּא, de שָׁנָה, pour יְשַׁנֶּה, « il changera »

Exercice 56.

Identifier et expliquer les formes suivantes :

בְּרָאָה — יְדֻכָּא — הַפְּלֵא — טָמֵאת — שְׂנוּאָה —
הֵרָפֵה — בְּהִבָּרְאָם — טִמֵּא — וָאֶהֱבָא — קֹרָא —
הִשֵּׁאתָ — וּבֵיתָ — שָׂא — נוֹרָא.

§ VI — VERBES ל״ה (Paradigme XVI, p. 24*-25*).

105. — Dans un petit nombre de verbes, le ה 3e radicale est une consonne forte : il est alors, sauf devant les désinences, muni du mappiq **(17)**, et la flexion suit les règles des verbes ל guttural : גָּבַהּ, « il est élevé », גָּבְהָה.. גָּבַהְתָּ.. Mais *communément, le* ה *est faible; il est même une simple mater lectionis,* qui remplace un ו ou un י primitifs : שָׁלָה, « être en repos », pour « šalāw »; גָּלָה, « découvrir », pour « gâlây ». Les formes en י beaucoup plus nombreuses, ont absorbé les autres, et le י lui-même a été supplanté par le ה.

6o Dans la flexion, *le* ה *ne jouera naturellement aucun rôle,* puisqu'il est quiescent. *Quant au yod,* il est conservé et prononcé au participe passif Qal גָּלוּי, et dans quelques formes rares. D'autres fois, il se contracte avec la voyelle précédente : on a alors î pour iy : גָּלִיתִי, Qal, parf. 1re p. s.; ê ou e (tonique) pour ay : נִגְלֵיתִי, Niph., id.; תִּגְלֶינָה, Qal, imparf., 2e et 3e p. f. pl. Enfin il disparaît par syncope ou apocope, sans être remplacé par un hé : גָּלוּ (cf. קָטְלוּ) : Qal, parf. 3e p. m. pl.; גְּלוֹת Qal inf. constr.; גָּלַנִי, Qal parf. avec suff.; — יִגֶל et יִגָּל : jussifs Qal et Niph.; וַיַּעַל, Qal et Hiph'il imparf. inverti, 3e p. m. s.

2o *Aux* 3es *pers.* m. s. du parf., dans les différentes conjugaisons. le a bref primitif devient moyen, comme dans les ל״א : גָּלָה, מָצָא. — Au parf. 3e p. f. s., on trouve la désinence féminine archaïque en ת, et de plus la finale normale ה ָ : גָּלְתָה, נִגְלְתָה, גִּלְּתָה... — *Dans les imparfaits*, la terminaison ה ֶ s'explique par l'ancienne diphtongue ay : la présence de la voyelle a trahit l'influence des verbes statifs (יִכְבַּד). — Au Qal, au Nipʰʿal et au Puʿal, l'infinitif absolu garde la vocalisation du verbe fort גָּלֹה. — L'infinitif construit גְּלוֹת donne l'impression d'être formé sur גָּלֹה à la manière d'un véritable construit féminin sur son absolu. — *Le participe présent* גֹּלֶה a dans sa dernière syllabe une brève tonique : elle devient naturellement moyenne à l'état construit גֹּלֵה, qui n'a plus le ton. Dans la flexion, il y a syncope du ה : גֹּלִים, גֹּלוֹת, comme dans גְּלִי, גְּלָךְ, etc.

3° Sauf à l'infinitif absolu, *les formes dérivées* adoptent partout les désinences du Qal. On a donc tous les parfaits en ה ָ, tous les imparfaits et les participes en ה ֶ, tous les impératifs en ה ֵ, et tous les infinitifs construits en וֹת.

Exercice 57.

Identifier et expliquer les formes suivantes :

— אַרְבֶּה — תִּבְכִּי — צִוֵּיתִי — הֶעֱלִיתֶם — הָרְאֵיתָ — מָרוּ — וַיֵּשְׁבְּ — חָיֵה — הוֹדוּ — הַטּוֹת — הָפְדֵּה — הִשְׁתַּנֵּית יֵעָלוּ — תַּחַז — חֲזוּ.

CHAPITRE IX

RÈGLES FONDAMENTALES DE LA SYNTAXE

106. — Dans les chapitres qui précèdent, quelques indications, relatives à la syntaxe, ont déjà été données, selon les opportunités. On ne saurait cependant se dispenser d'en exposer les principes les plus essentiels, réunis en un tableau d'ensemble. Leur connaissance est nécessaire, même aux débutants, s'ils veulent saisir le génie de la langue, et ne pas s'égarer dans la traduction des textes, même les moins difficiles.

Les règles qui vont être exposées concernent le nom, le verbe, le régime verbal et les propositions.

§ Ier — LE NOM

107. — La construction génitivale. — On appelle ainsi, par analogie avec nos langues classiques, le rapport de deux noms dont le premier est à l'état construit. On peut avoir une *série illimitée d'états construits* dépendant les uns des autres : יְמֵי שְׁנֵי חַיֵּי אֲבֹתַי (Gen., XLVII, 9), « les jours des années des vies de mes pères ».

Comme le nom régime, supposé au génitif, doit suivre immédiatement l'état construit, il en résulte qu'*un même nom ne peut dépendre à la fois de plusieurs états construits* consécutifs : le nom régime se place après le premier état construit et est remplacé après les autres par des suffixes pronominaux : פָּנִיתָ אֶל־תְּפִלַּת עַבְדְּךָ וְאֶל־תְּחִנָּתוֹ (I Reg., VIII, 28), « tu t'es tourné vers la prière et la supplication de ton serviteur » (m. à m. vers la prière de ton serviteur et vers sa supplication).

On fait rarement dépendre plusieurs régimes du même état construit; le plus souvent on répète l'état construit devant chaque régime : אֱלֹהֵי הַשָּׁמַיִם וֵאלֹהֵי הָאָרֶץ (Gen., xxiv, 3), « le Dieu du ciel et de la terre » (m. à m. le Dieu du ciel et le Dieu de la terre).

Le rapport de possession peut aussi s'exprimer par אֲשֶׁר suivi de לְ, ou simplement par לְ : הַגִּבֹּרִים אֲשֶׁר לְדָוִד (I Chron., xi, 10), « les vaillants de David » (m. à m. qui étaient à David) ; מִזְמוֹר לְדָוִד (Ps. iv, 1 ; etc.), « psaume de David » ; — le לְ ainsi employé s'appelle לְ d'appartenance ou d'attribution (*lamed auctoris*).

108. — Expression de l'idée adjectivale. — L'hébreu a peu d'adjectifs proprement dits, surtout d'adjectifs indiquant la matière dont une chose est faite. Aussi recourt-on à diverses périphrases pour suppléer à ces éléments du discours.

Souvent *on remplace l'adjectif par le substantif correspondant*, que l'on met en apposition après le nom qu'il qualifie : אֲמָרִים אֱמֶת, « paroles vérité » (c.-à-d. paroles vraies). — En d'autres cas *le premier nom est à l'état construit :* אֲחֻזַּת עוֹלָם (Gen., xvii, 8), « possession d'éternité » (c.-à-d. possession éternelle).

Pour exprimer les qualités d'un individu, on fait souvent précéder le nom exprimant la qualité d'un des substantifs אִישׁ, « homme » ; בֵּן, « fils » ; בַּת, « fille » ; בַּעַל, « maître » : אִישׁ דְּבָרִים, « homme de paroles » (c.-à-d. éloquent) ; בְּנֵי קֶדֶם, « fils de l'Orient » (pour désigner des Orientaux) ; בַּעַל הַחֲלֹמוֹת, « maître des songes » (c.-à-d. songeur).

109. — Rapports du substantif et de l'adjectif. — *L'adjectif épithète* suit généralement le nom auquel il se rapporte : אִישׁ גָּדוֹל, « un homme grand ». — Il prend l'article quand le nom est déterminé par l'article, par l'état construit, par un suffixe : הָעִיר הַגְּדוֹלָה, « la grande ville » ; שִׁמְךָ הַגָּדוֹל, « ton grand nom ». — *Lorsqu'un adjectif se rapporte à un nom à l'état construit*, il se place après le nom régime : עֲטֶרֶת זָהָב

גְּדוֹלָה (Esth., VIII, 15), « une grande couronne d'or ». — L'adjectif *peut se mettre à l'état construit* devant un nom qui le détermine : רָחֵל הָיְתָה יְפַת־תֹּאַר (Gen., XXIX, 17), « Rachel était belle de visage (d'aspect) ».

110. — Comparatif et superlatif. — L'hébreu n'a pas de formes particulières pour les adjectifs au comparatif ou au superlatif ; ici encore il faut recourir aux périphrases.

Pour exprimer *le comparatif*, on fait suivre le positif de la particule מִן (מִ, מֵ) dans le sens de « au-dessus de » : מָתוֹק מִדְּבַשׁ (Jud., XIV, 18), « plus doux que (m. à m. doux au-dessus de) le miel ».

Le superlatif relatif s'exprime à l'aide du positif déterminé par l'article, par un complément nominal ou par un suffixe et placé dans un contexte tel que la qualité exprimée convienne éminemment au sujet qualifié : הַיָּפָה בַּנָּשִׁים (Cant., I, 8), « la belle parmi les femmes » (c.-à-d. la plus belle parmi les femmes) ; בְּנוֹ הַקָּטָן (Gen., IX, 24), « son fils le petit » (c.-à-d. le plus petit de ses fils) ; מִגְּדוֹלָם וְעַד־קְטַנָּם (Jon., III, 5), « du grand d'eux jusqu'au petit d'eux » (c. à-d. du plus petit au plus grand d'entre eux).

Le superlatif absolu s'exprime : en répétant l'adjectif : עָמֹק עָמֹק (Eccl., VII, 24), « très profond » ; קָדוֹשׁ קָדוֹשׁ קָדוֹשׁ (Is., VI, 3), « très saint » ; — en mettant le substantif singulier, qui correspond à l'adjectif, en construction avec son pluriel : קֹדֶשׁ קָדָשִׁים (Ex. XXIX, 37), « sainteté des saintetés » (c.-à-d. très saint). Ces locutions sont à rapprocher d'un certain nombre d'autres, v. g. שִׁיר הַשִּׁירִים (Cant., I, 1), « le cantique des cantiques » (c.-à-d. le cantique par excellence) ; etc.

111. — Détermination. — *Les noms à l'état* construit, étant déjà déterminés par le mot auquel ils se rapportent, ne prennent jamais l'article. De même les noms de personne, de pays ou de choses personnifiées.

Sont déterminées les choses dont on a déjà parlé, celles qui sont supposées connues de tous, celles qui sont, en réalité ou par convention, seules de leur espèce : הַשֶּׁמֶשׁ, « le soleil »; הַנָּהָר, « le Fleuve », c.-à-d. l'Euphrate; הָאֱלֹהִים, « le (vrai) Dieu », c.-à-d. Dieu. Rentrent dans cette catégorie les classes ou espèces, parfois aussi les noms de matière et les noms abstraits : הַגָּמָל, « le chameau »; הַכֶּסֶף, « l'argent »; הַחֹשֶׁךְ; « l'obscurité ». Les noms au vocatif prennent normalement l'article, parce qu'on s'adresse à un être présent, ou supposé tel הוֹשִׁעָה הַמֶּלֶךְ (II Sam., xiv, 4), « sauve, ô roi ».

Le cas de la *détermination imparfaite* mérite d'être noté. C'est celui des objets qui sont indéterminés en eux-mêmes, mais reçoivent une certaine spécification, par le fait de l'usage qu'on fait d'eux, ou de leur lien avec le cadre temporel ou spatial : כְּתֹב זֹאת בַּסֵּפֶר (Ex. xvii, 14), « écris cela dans un livre »; כַּאֲשֶׁר יָנוּס אִישׁ מִפְּנֵי הָאֲרִי וּפְגָעוֹ הַדֹּב (Am., v, 19) : « Comme si, à celui qui fuit devant un lion, se présentait un ours ».

§ II. — LE VERBE

112. — Le parfait. — *Dans les verbes statifs*, le parfait a tout naturellement la valeur temporelle du présent : גָּדַלְתָּ (Ps., civ, 1), « tu es grand »; זָקַנְתִּי (Gen., xviii, 13), « je suis vieux ». *Dans les actifs*, le parfait désigne normalement une action unique ou une série d'actions ou une situation appartenant au passé. « au commencement, Dieu créa בָּרָא le ciel et la terre » (Gen., i, 1). « Joachaz régna מָלַךְ sur Israël; il régna מָלַךְ 17 ans » (II Reg., xiii, 1). Si l'action ou la situation en question est antérieure à une autre mentionnée dans le contexte précédent, il faut traduire par le plus-que-parfait : « Il se reposa de tout le travail qu'il avait accompli עָשָׂה » (Gen., ii, 2).

Par une extension de sa valeur temporelle normale, le parfait *peut désigner une action ou situation présente*, considérée comme le prolongement d'un acte posé dans le passé : יָדַעְתִּי

(Job, IX, 2), « je sais », c'est-à-dire j'ai appris. De même s'il s'agit d'un fait qui se renouvelle sans cesse, et qui est d'expérience courante : « Le passereau même trouve מָצְאָה une demeure » (Ps., LXXXIV, 4). On doit encore traduire le parfait hébreu par le présent lorsqu'il s'agit d'un acte actuellement posé, mais tellement fugitif qu'on se le figure tomber immédiatement dans le passé. Ainsi en est-il surtout pour les paroles qu'on prononce : אָמַרְתִּי, « je dis » (II Sam., XIX, 20); נִשְׁבַּעְתִּי, « je le jure » (Jer., XXII, 5).

113. — L'imparfait. — *Dans les verbes statifs*, l'imparfait a la valeur temporelle du futur : יִגְדַּל, « il sera grand ». *Dans les actifs*, il peut aussi signifier l'avenir, en parlant d'une action isolée, d'une série d'actions ou d'une durée : « Ils ne me croiront pas יַאֲמִינוּ (Ex., IV, 1); « les nations le rechercheront » יִדְרֹשׁוּ (Is. XI, 10). Tout comme le parfait, en raison du contexte, prend souvent le sens du plus-que-parfait, ainsi l'imparfait peut prendre celui du futur antérieur : « Quand Yahweh aura purifié יָדִיחַ Jérusalem, il créera une nuée » (Is., IV, 4-5). — *Souvent il est à traduire par le présent*, à savoir quand on parle d'une ou plusieurs actions actuellement en cours, ou encore de vérités d'expérience : « Que cherches-tu תְּבַקֵּשׁ » (Gen., XXXVII, 15), c.-à-d. qu'es-tu en train de chercher? « L'homme ne s'affermit pas יִכּוֹן par la méchanceté ». (Prov., XII, 3). — Enfin l'imparfait prend la valeur du *passé*, pour désigner des actions qui se répètent ou qui durent : « Ainsi Job faisait-il יַעֲשֶׂה toujours » (Job, I, 5). « Plus on accablait יְעַנּוּ Israël, plus il multipliait יִרְבֶּה et s'accroissait יִפְרֹץ » (Ex., I, 12).

Outre les valeurs temporelles qui viennent d'être signalées, l'imparfait est susceptible d'une *nuance modale*, pouvoir, devoir, vouloir : « De tout arbre du jardin tu pourras manger תֹּאכֵל » (Gen., II, 16). « Tu ne déroberas point לֹא תִּגְנֹב » (Ex., XX, 15).

114. — Le volitif indirect. — Le cohortatif et le jussif peuvent être employés *en coordination avec d'autres temps,* *surtout volitifs*, pour exprimer la finalité ou la consécution : « ils disent : qu'il se réalise תָּבוֹאָה, le conseil du Saint d'Israël, et que nous sachions וְנֵדָעָה » (Is. v, 19). « Voici Rébecca devant toi : prends-la et t'en va קַח וָלֵךְ, et qu'elle soit וּתְהִי la femme du fils de ton maître » (Gen., xxiv, 51). — De même l'impératif peut être mis en corrélation avec un autre impératif ou avec un jussif du contexte antécédent, pour exprimer la conséquence de l'ordre donné : « Faites ceci et vous vivrez (ou : afin de vivre) וִחְיוּ » (Gen., xlii, 18). « Qu'il prie pour toi et tu vivras (ou : afin que tu vives) וֶחְיֵה » (Gen., xx, 7).

115. — Les temps invertis. — Ils expriment l'idée de succession, et accessoirement de conséquence logique.

L'imparfait inverti dépend le plus souvent d'un verbe au parfait et est employé comme *temps de narration :* וְהַנָּחָשׁ הָיָה עָרוּם מִכֹּל חַיַּת הַשָּׂדֶה .... וַיֹּאמֶר אֶל־הָאִשָּׁה .... וַתֹּאמֶר הָאִשָּׁה אֶל־הַנָּחָשׁ (Gen., iii, 1, 2), « et le serpent était rusé plus que toute bête des champs... et il dit à la femme... et la femme dit au serpent ».

Le parfait initial est parfois remplacé par une proposition incidente, exprimant à l'aide d'imparfait(s) invert(s) le cadre historique des faits qui seront racontés בִּשְׁנַת־מוֹת הַמֶּלֶךְ עֻזִּיָּהוּ וָאֶרְאֶה אֶת־אֲדֹנָי (Is., vi, 1), « l'année de la mort du roi Ozias, je vis le Seigneur ». — Certains imparfaits invertis, constituant des sortes de locutions usuelles, peuvent même servir de début à un récit ; tel est, en particulier, le cas de וַיְהִי : וַיְהִי בִּימֵי שְׁפֹט הַשֹּׁפְטִים וַיְהִי רָעָב (Ruth, i, 1), il arriva dans les jours où les juges jugeaient, il y eut famine... »

Quelquefois, après un parfait, un imparfait, un participe ou toute construction ayant le sens du présent, l'imparfait inverti se rendra par le présent : לָכֵן שָׂמַח לִבִּי וַיָּגֶל כְּבוֹדִי (Ps. xvi, 9), « c'est pourquoi mon cœur se réjouit et mon âme tressaille » ; וְגֶבֶר יָמוּת וַיֶּחֱלָשׁ (Job, xiv, 10), « l'homme meurt et reste étendu », הִנֵּה הַמֶּלֶךְ בֹּכֶה וַיִּתְאַבֵּל (II Sam., XIX, 2), « voici le roi qui pleure et se désole ».

Rarement il aura le *sens du futur* : לָכֵן הִרְחִיבָה שְׁאוֹל נַפְשָׁהּ ... וְיָרַד הֲדָרָהּ ... וַיִּשַּׁח אָדָם וַיִּשְׁפַּל־אִישׁ (Is., V, 14-16), « c'est pourquoi le šeʾôl se dilatera....., et sa gloire y descendra..... et le vulgaire sera humilié, et le noble sera abaissé ».

Enfin, l'imparfait inverti peut aussi exprimer *une dépendance plutôt logique* que chronologique : וַיָּקָם הַשָּׂדֶה וְהַמְּעָרָה אֲשֶׁר־בּוֹ לְאַבְרָהָם (Gen., XXIII, 20), et resta (en conséquence de la transaction précédemment racontée) le champ, ainsi que la caverne qu'il renfermait, à Abraham ».

116. — Le parfait inverti dépend le plus souvent d'un verbe à l'imparfait, au jussif ou à l'impératif, et est employé pour indiquer *le futur, ou la suite de l'ordre donné* : יִשָּׂא פַרְעֹה אֶת־רֹאשֶׁךָ וַהֲשִׁיבְךָ עַל־כַּנֶּךָ (Gen., XL, 13), « Pharaon relèvera ta tête et te rétablira à ta place ». יְהִי מְאֹרֹת .... וְהָיוּ לְאֹתֹת (Gen., I, 14), « qu'il y ait des luminaires..., et qu'ils soient en signes » : עֲשֵׂה לְךָ תֵּבַת עֲצֵי־גֹפֶר ... וְכָפַרְתָּ אֹתָהּ (Gen., VI, 14), « fais une arche de bois de cyprès... et couvre-la... »

L'imparfait initial peut être remplacé par un parfait converti, ou encore, par un participe ou par des infinitifs : עַד־בּוֹאִי אֵלֶיךָ וְהוֹדַעְתִּי לְךָ (I Sam., X, 8), « jusqu'à ce que je vienne vers toi et que je t'apprenne ». Il peut encore être remplacé par une proposition incidente marquant le cadre dans lequel se placeront les faits indiqués par les parfaits invertis; ainsi en est-il surtout avec les phrases commençant par הִנֵּה suivi d'une proposition nominale : הִנֵּה יָמִים בָּאִים וְגָדַעְתִּי אֶת־זְרֹעֲךָ (I Sam., II, 31), « voici, des jours viennent et je retrancherai ton bras ».

Beaucoup moins souvent, après un imparfait, un participe, un infinitif indiquant le présent, le parfait inverti se rendra par le *présent* : עַל־כֵּן יַעֲזָב־אִישׁ אֶת־אָבִיו וְאֶת־אִמּוֹ וְדָבַק בְּאִשְׁתּוֹ (Gen., II, 24), « c'est pourquoi l'homme quitte son père et sa mère, et s'attache à sa femme ».

Par contre, très fréquemment, après un imparfait, un parfait, un infinitif, un participe ou toute autre construction indiquant le passé, le parfait inverti se rendra par *le passé* (surtout pour exprimer des faits qui se répètent ou des états qui se prolongent) : וְאֵד יַעֲלֶה מִן־הָאָרֶץ וְהִשְׁקָה (Gen., II, 6), « une source montait de la terre et arrosait... » ; עַל־רָדְפוֹ בַחֶרֶב אָחִיו וְשִׁחֵת רַחֲמָיו (Am., I, 11), « parce qu'il a poursuivi son frère avec l'épée et qu'il a étouffé sa compassion ».

117. — Le participe. — Qu'il soit attribut ou sujet, un *participe actif* hébreu devra, selon le contexte, être rendu, tantôt par le présent, tantôt par le passé, tantôt par le futur : הַמֵּתָה תָמוּת (Zach., XI, 9), « que la mourante meure » ; בָּאִים בַּיָּמִים (Gen., XVIII, 11), « avancés dans leurs jours » ; נֹפֵל כִּפֶרֶץ (Is., XXX, 13), « comme le mur lézardé qui va tomber ».

Le participe passif Qal répond toujours à notre participe passé passif : כָּתוּב, « écrit ». Les autres participes passifs (y compris le Nip*h* 'al) ont souvent le sens du gérondif latin (ou des adjectifs en *bilis*) : נוֹרָא (Ps., LXXVI, 8), « devant être craint » ; מְהֻלָּל (Ps., XVIII, 4), « devant être loué ».

Il faut noter l'emploi du participe joint au pronom personnel, soit pour exprimer notre présent : אֶת־הָאֱלֹהִים אֲנִי יָרֵא (Gen., XLII, 18), « je crains Dieu », soit pour exprimer notre imparfait : וְהוּא יֹשֵׁב בִּסְדֹם (Gen., XIV, 12), « et il habitait à Sodome ».

118. — L'infinitif. — *L'infinitif absolu* est souvent employé à côté des formes personnelles du verbe auquel il se rattache : c'est ce qu'on appelle la tournure d'*accusatif interne, ou étymologique.* Son but est de renforcer une affirmation ou un doute, ou encore quelque autre nuance impliquée dans la phrase.

Tantôt il précède la forme personnelle, et tantôt il la suit : מוֹת תָּמוּת (Gen., II, 17) « pour mourir tu mourras » (c.-à-d. tu mourras sûrement). הָרְגֵנִי נָא הָרֹג (Num., XI, 15), « tue-moi donc pour me tuer » (c.-à-d. sans m'épargner) ; שִׁמְעוּ שָׁמוֹעַ (Is., VI, 9), « écoutez toujours ! ».

Parfois, l'infinitif absolu, selon un procédé littéraire qui ne nous est pas inconnu, prend la place des formes personnelles de n'importe quel temps comme de n'importe quel mode : אָלֹה וְכַחֵשׁ וְרָצֹחַ וְגָנֹב וְנָאֹף (Os., IV, 2), « jurer, et mentir, et tuer, et voler, et commettre l'adultère » (c.-à-d. ils jurent, etc.).

119. — *L'infinitif construit*, précédé d'une préposition et suivi d'un complément nominal ou pronominal, sert souvent à exprimer nos phrases incidentes ; dans ce cas, le complément de l'infinitif correspond au sujet de notre verbe employé à un mode personnel יַעַן מָאָסְכֶם בַּדָּבָר הַזֶּה (Is., XXX, 12), parce que vous rejetez cette parole ; אֵלֶּה תוֹלְדוֹת הַשָּׁמַיִם וְהָאָרֶץ בְּהִבָּרְאָם (Gen., II, 4), « voici les origines du ciel et de la terre lorsqu'ils furent créés ». — L'infinitif construit est surtout employé avec la préposition לְ, pour exprimer la finalité ou simplement la simultanéité : לֵאמֹר, « pour dire » ou « en disant ».

§ III. — LE RÉGIME VERBAL

120. — Régime direct du verbe transitif. — Tous les verbes transitifs peuvent avoir un régime direct, mais il n'y a pas toujours correspondance exacte entre l'hébreu et le français au point de vue du sens transitif ou du sens intransitif des verbes. Il arrive même qu'un verbe donné peut être à la fois transitif et intransitif : נָגַע, « toucher » ; דָּבַק, « adhérer à » נָשַׁק, « baiser ».

Le signe caractéristique de l'accusatif est la particule אֵת. Mais, d'un usage très rare en poésie, cette particule ne s'emploie en prose que devant les noms propres, ou devant les noms communs déterminés par l'article, par un nom régime, par un suffixe, etc. :בָּרָא אֱלֹהִים אֵת הַשָּׁמַיִם וְאֵת הָאָרֶץ (Gen., I, 2), « Dieu créa le ciel et la terre ».

121. — Double régime direct. — Un certain nombre de verbes peuvent gouverner un double accusatif. Tels sont les verbes se rapportant au *vêtement* : וְחָגַרְתָּ אֹתָם אַבְנֵט (Ex., XXIX, 9), « et tu les ceindras d'une ceinture ». C'est en particulier le *cas des formes causatives* : אַחֲרֵי הוֹדִיעַ אֱלֹהִים אוֹתְךָ אֶת־כָּל־זֹאת (Gen., XLI, 39), « après que Dieu t'a appris tout cela ». — Il faut noter encore l'accusatif de la *chose produite* וַיִּיצֶר יהוה אֱלֹהִים אֶת־ הָאָדָם עָפָר מִן־הָאֲדָמָה (Gen., II, 7), « Et Yahweh Dieu fit l'homme, de la poussière (tirée) du sol »; l'accusatif de *limitation* הִכִּיתָ אֶת־כָּל אֹיְבַי לֶחִי (Ps., III, 8), « tu as frappé tous mes ennemis à la joue »; l'accusatif de *détermination* locale et temporelle : לָלֶכֶת תַּרְשִׁישׁ (II Chron., XX, 36), « pour aller à Taršiš »; עָפָר תֹּאכַל כָּל־ יְמֵי חַיֶּיךָ (Gen., III, 14), « tu mangeras de la poussière tous les jours de ta vie »; etc. — Il y a enfin le cas très fréquent des *suppléances adverbiales*, assurées par des substantifs ou des infinitifs qui sont en réalité à l'accusatif : מֵישָׁרִים תִּשְׁפְּטוּ (Ps., LVIII, 2), vous jugerez (avec) droiture ». וַיִּכְעַס הַרְבֵּה (Neh., III, 33) « il fut extrêmement irrité ».

§ IV. — LES PROPOSITIONS.

122. — Propositions nominales. — Une proposition nominale est une proposition dont le sujet est un nom (ou un pronom) et dont le prédicat est également un nom (ou un terme équivalent : adjectif, participe, nom de nombre, adverbe) : וְנָהָר יֹצֵא מֵעֵדֶן (Gen., II, 10), « et un fleuve (était) sortant d'Eden », מִי חָכָם (Os., XIV, 10), « qui (est) sage » ? Dans ces phrases, le *lien du sujet et du prédicat* est souvent sous-entendu : וְהוּא כֹהֵן (Gen., XIV, 18), « et lui (était) prêtre ». Souvent toutefois il est exprimé par le verbe הָיָה ou par le pronom personnel de la 3e pers. sing. ou plur. : וְהַנָּחָשׁ הָיָה עָרוּם (Gen., III, 1), « et le serpent était rusé » ; שֶׁבַע פָּרֹת הַטֹּבֹת שֶׁבַע שָׁנִים הֵנָּה (Gen., XLI, 26), « les sept bonnes vaches sont sept années ».

L'ordre généralement suivi dans les phrases nominales est le suivant ; sujet, prédicat ; cf. les exemples précédents.

Toutefois on placera le prédicat en premier lieu : — dans les phrases interrogatives : מִי־הָאִישׁ הַלָּזֶה (Gen., XXIV, 65), « qui est cet homme ? » — généralement, quand le prédicat est un adjectif ou un participe : גָּדוֹל אַתָּה (Jér., X, 6), « tu es grand » ; — quand on veut donner plus de relief au prédicat : עָפָר אַתָּה (Gen., III, 19), « tu es poussiere ».

123. — Propositions verbales. — Une proposition verbale est une proposition dont le sujet est un nom (ou un pronom, même renfermé dans la forme verbale), et dont le prédicat est un verbe à un mode personnel : וַיָּקָם הַמֶּלֶךְ (II Sam., XIII, 31) « et le roi se leva » ; חָטָאתִי לַיהוה (II Sam., XII, 13, « j'ai péché contre Yahweh ».

Dans les phrases verbales, *le verbe vient en premier lieu*, puis le sujet, et enfin l'objet : וַיִּשְׁלַח יהוה אֶת־נָתָן אֶל־דָּוִד (II Sam., XII, 1), « et Yahweh envoya Nathan vers David ». Toutefois on peut intervertir cet ordre pour donner plus de relief à tel ou tel élément de la phrase : וְהַכְּשָׂבִים הִפְרִיד יַעֲקֹב (Gen., XXX, 40 ; objet, verbe, sujet), « et Jacob mit à part les agneaux » ; הַנָּחָשׁ הִשִּׁיאַנִי (Gen., III, 13 ; sujet, verbe, objet), « c'est le serpent qui m'a trompée », etc.

124. — L'accord du verbe et du sujet présente les particularités suivantes :

Le nom collectif singulier a souvent son verbe au pluriel : הַבָּקָר הָיוּ חֹרְשׁוֹת (Job, I, 14), « le troupeau était labourant », c.-à-d. les vaches étaient... ; וְיֵדְעוּ כָּל־הָאָרֶץ (I Sam., XVII, 46), « et toute la terre saura » (c.-à-d. et tous les habitants de la terre sauront). — *Les noms pluriels* d'animaux, de choses, et les noms pluriels abstraits peuvent avoir leur verbe au féminin singulier : סָפְתָה בְּהֵמוֹת (Jér., xii, 4), « les bêtes périssent ». — Les noms pluriels employés dans un sens distributif prennent leur verbe au singulier : מְחַלְלֶיהָ מוֹת יוּמָת (Ex., xxxi, 14), « ceux qui le (sabbat) profaneront (c.-à-d. quiconque le profanera) seront mis à mort ». — Lorsque *le verbe* est *au début de la phrase*, il demeure souvent à la 3e pers. sing. masc., quels que soient le genre et le nombre du sujet qui le suit : יְהִי מְאֹרֹת (Gen., i, 14), « qu'il y ait des luminaires ». — Le verbe qui suit plusieurs *sujets unis par la conjonction* ו se met au pluriel ; si les sujets sont de genre différent, il se met au pluriel masculin : זֶרַע וְקָצִיר ... לֹא יִשְׁבֹּתוּ (Gen., viii, 22) « la semence et la moisson..... ne cesseront pas ». — Il en peut être de même lorsque le verbe précède une série de sujets ; bien plus souvent toutefois il prend le genre et le nombre du sujet qui le suit immédiatement וַתְּדַבֵּר מִרְיָם וְאַהֲרֹן (Num., xii, 1), « *et parlèrent Marie et Aaron* ».

125. — *Le sujet indéfini* « on » s'exprime, soit en mettant le verbe à la 3e personne masc. sing. ou plur. : וַיֹּאמֶר (Gen., xlviii, 1), « on dit » ; לֹא יִמְצְאוּ (Os., xii, 9), « on ne trouvera pas » ; — soit en employant une construction passive : לֹא יֵאָכֵל (Gen., xx., 28), « on ne mangera pas ».

126. — Casus pendens. — On appelle ainsi la construction dans laquelle une expression est mise en tête de la proposition pour la clarté ou pour l'emphase, et est ensuite rappelée au moyen d'un pronom, dit pronom de reprise : אֶת־כָּל־הָאָרֶץ אֲשֶׁר־אַתָּה רֹאֶה לְךָ אֶתְּנֶנָּה (Gen., xiii, 15), « tout le pays que tu vois, je te le donnerai ».

127. — Diverses espèces de propositions nominales et verbales. — *Phrases interrogatives.* La présence de la particule הֲ **(53)** n'est pas nécessaire à la constitution d'une phrase interrogative ; en certains cas le contexte seul permet de reconnaître l'interrogation : שָׁאוּל יִמְלֹךְ עָלֵינוּ (I Sam., xi, 12), « *Saül régnera-t-il sur nous ?* » — L'interrogation disjonctive s'exprime par הֲ....אִם, הֲ....וְאִם, rarement par הֲ....אוֹ : הֲהָיְתָה זֹּאת בִּימֵיכֶם וְאִם בִּימֵי אֲבֹתֵיכֶם (Joel, i, 2), « cette chose s'est-elle produite dans vos jours ou dans les jours de vos pères ? » — L'interrogation indirecte est généralement exprimée de la même manière que l'interrogation directe : לִרְאוֹת הֲקַלּוּ הַמָּיִם (Gen. viii, 8), « pour voir si les eaux étaient diminuées... ».

128. — *Phrases optatives.* — Souvent le caractère optatif d'une phrase n'est exprimé par aucune particule et ne se laisse saisir que grâce au contexte : שָׁלוֹם לְךָ (Jud., vi, 23), « paix soit à toi ! » — La particule optative est לוּ (avec un sens négatif, לוּלֵי, « que... ne... pas ») ; on se sert souvent aussi de אִם : לוּ יִשְׁמָעֵאל יִחְיֶה לְפָנֶיךָ (Gen., xvii, 18), « plût au ciel qu'Ismaël vécût devant toi ! » יִשְׂרָאֵל אִם־תִּשְׁמַע־לִי (Ps. lxxxi, 9), « Israël, si tu m'écoutais ! »

129. — *Instances et restrictions.* — Pour insister sur une idée, surtout après une formule de serment ou de souhait, on emploie les particules אִם dans les phrases négatives, אִם־לֹא dans les phrases affirmatives : חַי יהוה אִם־יִפֹּל מִשַּׂעֲרַת רֹאשׁוֹ אַרְצָה (I Sam., xiv, 45), « Yahweh est vivant ! Il ne tombera pas un cheveu de sa tête à terre ! » נִשְׁבַּע יהוה .... אִם־לֹא כַּאֲשֶׁר דִּמִּיתִי כֵּן הָיָתָה (Is., xiv, 24), « Yahweh... a juré : Oui, comme je l'ai pensé, ainsi il en sera ». On se sert aussi de כִּי : חַי יהוה כִּי בְנֵי־מָוֶת אַתֶּם (I Sam., xxvi, 16), « Yahweh est vivant ! Oui, vous êtes des fils de mort ! » — Précédée d'une négation, la particule כִּי, surtout quand elle est renforcée par אִם (כִּי־אִם), manifeste sa force affirmative sous forme de restriction ; elle peut souvent être traduite par *mais :* לֹא יַעֲקֹב יֵאָמֵר עוֹד שִׁמְךָ כִּי אִם־יִשְׂרָאֵל (Gen., xxxii, 29), « ton nom ne sera plus dit Jacob, mais Israël. »

130. — *Phrases relatives.* — Les propositions relatives sujet sont généralement indiquées par le relatif אֲשֶׁר :

אֲשֶׁר יִמָּצֵא אִתּוֹ יִהְיֶה־לִּי עָבֶד (Gen., xliv, 10), « qui sera trouvé avec lui sera pour moi un esclave ». — Dans les propositions relatives dépendantes d'un nom ou d'une proposition, le relatif est souvent sous-entendu : אֱלֹהִים לֹא יְדָעוּם (Deut., « des dieux qu'ils ne connaissent pas ».

131. — *Les propositions marquant l'objet direct* d'une action sont rattachées au verbe exprimant cette action par les particules כִּי, אֲשֶׁר : וַיַּרְא יהוה כִּי רַבָּה רָעַת הָאָדָם (Gen., vi, 5), « et Yahweh vit que grande était la malice de l'homme »; וַיַּרְא שָׁאוּל אֲשֶׁר־הוּא מַשְׂכִּיל מְאֹד (I Sam., xviii, 15), « et Saül vit qu'il était tout à fait intelligent ». — Souvent toutefois la conjonction est supprimée : אִמְרִי־נָא אֲחֹתִי אָתְּ (Gen., xii, 13), « dis donc que tu es ma sœur ».

132. — *Les propositions circonstancielles* exprimant la condition, le temps, la cause, le but, la conséquence, sont souvent rattachées à la principale par des particules : אִם, הֵן, לוּ, כִּי, pour la condition; כִּי, אֲשֶׁר, כְּמוֹ, כַּאֲשֶׁר, עַד־אֲשֶׁר, עַד־כִּי, עַד־, אַחַר־אֲשֶׁר, אַחֲרֵי־אֲשֶׁר, מֵאָז, בְּטֶרֶם, etc., pour le temps; יַעַן כִּי, יַעַן, יַעַן אֲשֶׁר, עַל, עַל־כִּי, עַל־אֲשֶׁר, pour la cause; לְמַעַן, לְמַעַן אֲשֶׁר, בַּעֲבוּר, בַּעֲבוּר־אֲשֶׁר, אֲשֶׁר, pour le but; כִּי et אֲשֶׁר, dans le sens de « en sorte que », pour la conséquence. — Souvent aussi ces particules sont supprimées : אַתֶּם תִּמְעָלוּ אֲנִי אָפִיץ אֶתְכֶם בָּעַמִּים (Néh., i, 8), « vous êtes infidèles (c.-à-d. si vous êtes infidèles; phrase conditionnelle), moi je vous disperserai parmi les peuples »; וַתְּכַל לְהַשְׁקֹתוֹ וַתֹּאמֶר (Gen., xxiv, 19), « et elle acheva de le faire boire (c.-à-d. quand elle eut achevé..., circonstance de temps) et elle dit », etc.

APPENDICES

I — MODÈLES POUR L'ANALYSE DES TEXTES[1]

1re phrase — זֵכֶר צַדִּיק לִבְרָכָה וְשֵׁם רְשָׁעִים יִרְקָב׃ (*Prov.*, x, 7).

זֵכֶר — Consonnes de la racine évidentes : זכר. — Verbe זָכַר. Sens fondamental : « il s'est souvenu », sens secondaires : « il a entretenu dans son esprit, il a médité, il a gardé le souvenir d'un acte pour le récompenser ou le punir ». — זֵכֶר substantif. Sens fondamental (abstrait) : « souvenir, mémoire »; secondaire : « souvenir favorable, nom (glorieux), louange, gloire ». Caractérisé par la voyelle è bref (ségol) de la 2e radicale, et par l'accent sur la pénultième, ce mot appartient à la catégorie des noms ségolés qui ont, au sing., l'état const. pareil à l'absolu : « souvenir » ou « souvenir de ».

צַדִּיק — Racine צדק (le י appartient à la voyelle î). — Verbe צָדֵק. Sens fondam. « il est droit » (moralement) ; second. « il a raison, il a obtenu gain de cause » — צַדִּיק, **adjectif.** Sens fondam. « juste » ; second. « innocent, pieux ». — Nom à deux voyelles impermutables,

1. Lorsqu'on procède à l'étude d'un texte et qu'on veut en faire l'analyse, il faut : *a*) isoler, dans chaque mot, la racine (qui compte ordinairement trois consonnes) des préfixes et des désinences ; — *b*) chercher le sens fondamental et les principaux sens dérivés et secondaires du verbe qui, dans la plupart des *Lexiques*, est ordinairement donné comme forme primitive de la racine ; — *c*) chercher ensuite dans la même colonne le mot, substantif, adjectif, etc... qui figure dans le texte que l'on étudie, en noter le sens fondamental et les principaux sens dérivés, puis choisir la signification qui convient le mieux au contexte ; — *d*) se rendre compte de la constitution de ce mot au point de vue des voyelles permutables et impermutables : le décliner ou le conjuguer ; — *e*) se rendre compte de la manière dont les préfixes et les suffixes sont unis à ce mot ; — *f*) enfin, à la fin de chaque membre de phrase, constater quel lien relie entre eux les mots qui le composent.

la première (brève) parce qu'elle se trouve devant une consonne redoublée, la seconde parce que c'est î long : « juste ».

לִבְרָכָה — Désinence fémin. ה ָ—; préfixe לִ; racine ברך.
— **Verbe** בֵּרֵךְ, usité surtout au Pi'êl. Sens fondam. « il a fléchi le genou »; second. « il a rendu hommage, il a salué, il a formulé des souhaits » (de la part d'un inférieur par rapport à un supérieur), puis (de la part d'un supérieur par rapport à l'inférieur), « il a formé des vœux, il a béni », enfin (par antithèse) « il a maudit ». — בְּרָכָה, substantif. Sens fondam. « bénédiction »; second. « bienfait, présent, don. ». Nom fém. de forme très élémentaire (cf. יְשָׁרָה) qui correspondrait à un masculin בָּרָךְ (cf. יָשָׁר) à deux voyelles *â* permutables, dont la première tombe lorsqu'on ajoute la désinence accentuée. — Le préfixe לְ, « à, vers, pour », est vocalisé i bref devant le ב parce que celui-ci est muni d'un šᵉwâ' simple : « à (en) bénédiction ».

Le sens de ce 1er membre de phrase est évidemment : « Mémoire du juste à bénédiction », c'est-à-dire, puisque très souvent le verbe être est sous-entendu : « la mémoire du juste (est) en bénédiction ».

וְשֵׁם — Préfixe ו et nom-racine שֵׁם. — Sens fondam. « nom »; second. « souvenir, mémoire, renommée » (bonne ou mauvaise). — Nom monosyllabique qui garde sa voyelle ê (à l'état absolu et à l'état const.) toutes les fois qu'il n'est pas réuni au mot suivant par le trait d'union (שֵׁם־). — Le préfixe ו, « et », est vocalisé šᵉwâ' simple devant une consonne (autre que ב, מ, פ) munie d'une voyelle : « et nom », ou « et nom de ».

רְשָׁעִים — Désinence plur. masc. absolu ים ִ—; racine רשע.
— Verbe רָשַׁע. Sens fondament. « il a agi injustement, il est injuste, impie »; second. « il a été traité comme impie » (par Dieu). — Le pluriel רְשָׁעִים est très régulier (cf. יְשָׁרִים) et se rattache à l'adjectif רָשָׁע. Sens fondam. « injuste, impie ». Nom à deux voyelles *â* permutables, dont la première tombe lorsqu'on ajoute la désinence accentuée : « impies ».

יִרְקָב — Préformante י de l'imparfait. — Racine רקב. — Verbe רָקַב. Sens fondam. « il a pourri » (au propre et au figuré). — La préformante est ponctuée i bref, non suivie de la particule ת caractéristique du Hitʰpa'êl, ni du redoublement de la première radicale comme il arrive à l'imparfait Nip^{h}'al; c'est donc la préformante de l'imparfait Qal, 3e pers. sing. masc. Le radical a la voyelle *a* comme il arrive dans les verbes statifs; cet *a* est régulièrement bref; mais avec l'At^{h}nâḥ et le Sillûq il s'allonge : « pourrit, est voué à la corruption ».

Le sens de ce 2e membre est facile : « et le nom des méchants tombe en pourriture ».

On a donc ce proverbe :

> La mémoire du juste est en bénédiction,
> et le nom des méchants tombe en pourriture.

2e phrase — כֶּסֶף נִבְחָר לְשׁוֹן צַדִּיק לֵב רְשָׁעִים כִּמְעָט׃ (*Prov.*, x, 20).

כֶּסֶף — Racine כסף. — Verbe כָּסַף. Sens fondam. paraît être « il a pâli », le verbe n'est employé que dans les sens second. de « désirer vivement, s'attrister ». — כֶּסֶף, substantif. Sens fondam. « argent »; second. « monnaie, pièces (sicles) d'argent ». Caractérisé par la voyelle è bref de la 2e radicale et par l'accent sur la pénultième, ce nom appartient au groupe des noms ségolés, qui ont au singulier l'état const. pareil à l'absolu : « argent » ou « argent de ».

נִבְחָר — Préformante נ du Nip^{h}'al. Rac. בחר, — Verbe בָּחַר. Sens fondam. « il a choisi », second. « il a affectionné, il a examiné » (avant de choisir). — Le Nip^{h}'al de ce verbe a la signification passive. La voyelle longue de la 2e radicale de נִבְחָר indique le participe Nip^{h}'al, qui se comporte comme un adjectif qualificatif du mot qui précède : (argent) « choisi ».

לְשׁוֹן — État const. sing. masc. de לָשׁוֹן, substantif qui n'est rattaché à aucune racine verbale connue. Sens fondam. « langue »; second. « parole, baie (langue de mer), lingot (de métal), flamme » (= לְשׁוֹן אֵשׁ, « langue de feu »). — Nom à 1re voyelle *â* permutable, à 2e *ô* impermutable; l'état const. s'obtient par la suppression de la 1re voyelle : « langue de ».

צַדִּיק — Voir 1re phrase : ce mot est nécessairement en dépendance de l'état construit qui précède : (la langue du) « juste ».

Le sens du 1er membre de phrase est évidemment : « argent choisi, langue du juste », c.-à-d. « la langue du juste est un argent choisi ».

לֵב — Nom-racine qui présente deux formes : une forme

monosyllabique לֵב et une forme dissyllabique לֵבָב — **Sens fondam.** « cœur »; second. « âme, force vitale, esprit, intelligence, puissance de sentir et de désirer; conscience, force; ce qu'il y a de plus intime » dans une chose (v. g. « le cœur » de la mer). Nom monosyllabique, qui garde sa voyelle *ê* (à l'état abs. et à l'état const.) toutes les fois qu'il n'est pas réuni au mot suivant par le trait d'union (לֶב־) : « cœur » ou « cœur de ».

רְשָׁעִים — Voir 1re phrase. Ce nom apparaît clairement comme étant en dépendance du mot qui précède, et qui dès lors est à l'état const. : (le cœur des) « impies ».

כִּמְעָט׃ — Préfixe כ. Racine מעט. — Verbe מָעַט. Sens fondam. « il a été en petite quantité, en petit nombre »; second. « il a diminué ». — מְעַט, parfois adjectif : qui est « peu considérable, peu nombreux »; plus souvent substantif. Sens « peu ». — La voyelle a bref de la forme ordinaire de ce nom est ici allongée sous l'influence du Sillûq. — Le préfixe כ, « comme », est ponctué i bref devant une consonne munie du šᵉwâ' simple : כִּמְעַט, « comme peu » (nous dirions : « comme rien) ».

Le sens du second membre est donc : « le cœur des méchants (est) comme peu de chose ».

On a ainsi ce proverbe :

> La langue du juste est un argent choisi,
> Le cœur des méchants a peu de valeur.

II. — QUELQUES TEXTES ANNOTÉS

1° *Le prophète en Israël* (*Deut.*, XVIII, 9-22).

9. כִּי אַתָּה בָּא[1] אֶל־הָאָרֶץ אֲשֶׁר־יְהוָה[2] אֱלֹהֶיךָ נֹתֵן לָךְ׃[3]
לֹא־תִלְמַד לַעֲשׂוֹת[4] כְּתוֹעֲבֹת הַגּוֹיִם[5] הָהֵם[6] ׃ 10 לֹא יִמָּצֵא

1. בָּא, partic. act. du verbe (ע״ו) בּוֹא. — 2. יְהוָה, voir n° 23. — 3. לָךְ, pour לְךָ, avec transposition de la voyelle avant le ךְ, à cause de l'Atʰnâḥ ; לְךָ composé de ל et du pronom suffixe ךָ. — 4. עֲשׂוֹת, infinit. const. Qal du verbe (פ guttural et ל״ה) עָשָׂה. — 5. R. גוה. — 6. הֵם, pron.

בְךָ מַעֲבִיר בְּנוֹ[7]־וּבִתּוֹ[8] בָּאֵשׁ קֹסֵם קְסָמִים מְעוֹנֵן[9] וּמְנַחֵשׁ
וּמְכַשֵּׁף׃ 11 וְחֹבֵר חָבֶר וְשֹׁאֵל אוֹב וְיִדְּעֹנִי וְדֹרֵשׁ אֶל־
הַמֵּתִים[10]׃ 12 כִּי־תוֹעֲבַת יְהוָה כָּל[11]־עֹשֵׂה[12] אֵלֶּה וּבִגְלַל
הַתּוֹעֵבֹת הָאֵלֶּה יְהוָה אֱלֹהֶיךָ מוֹרִישׁ[13] אוֹתָם[14] מִפָּנֶיךָ[15]׃
13 תָּמִים תִּהְיֶה[16] עִם[17] יְהוָה אֱלֹהֶיךָ׃ 14 כִּי הַגּוֹיִם[5] הָאֵלֶּה
אֲשֶׁר אַתָּה יוֹרֵשׁ אוֹתָם אֶל־מְעֹנְנִים[9] וְאֶל־קֹסְמִים יִשְׁמָעוּ
וְאַתָּה לֹא כֵן[18] נָתַן לְךָ יְהוָה אֱלֹהֶיךָ׃ 15 נָבִיא מִקִּרְבְּךָ
מֵאַחֶיךָ[19] כָּמֹנִי[20] יָקִים[21] לְךָ יְהוָה אֱלֹהֶיךָ אֵלָיו[22] תִּשְׁמָעוּן[23]׃
16 כְּכֹל[11] אֲשֶׁר־שָׁאַלְתָּ מֵעִם[17] יְהוָה אֱלֹהֶיךָ בְּחֹרֵב[24] בְּיוֹם
הַקָּהָל לֵאמֹר[25] לֹא אֹסֵף[26] לִשְׁמֹעַ[27] אֶת־קוֹל יְהוָה אֱלֹהָי
וְאֶת־הָאֵשׁ הַגְּדֹלָה הַזֹּאת לֹא אֶרְאֶה[28] עוֹד וְלֹא אָמוּת[29]׃

person. employé comme démonstratif. — 7. בְּנוֹ, composé de בֵּן (R. בנה) et de וֹ suffixe. — 8. בִּתּוֹ composé de בַּת (R. בנה) et de וֹ suff. — 9. מְעוֹנֵן, partic. Pô'êl (forme correspondant au Pi'êl) de עָנַן (verbe עע). — 10. מֵת, partic. (act.) Qal du verbe (עו) מות. — 11. R. כלל. — 12. עֹשֵׂה, partic. act. Qal du verbe (פ guttur. et לה) עָשָׂה. — 13. מוֹרִישׁ, partic. Hip^{h}'il du verbe (פי) יָרַשׁ. — 14. אוֹתָם, composé de אוֹת (forme que prend le signe de l'accus. אֵת avec la plupart des suff.) et du suff. ־ָם. — 15. פָּנֶיךָ, R. פנה. — 16. תִּהְיֶה, 2e pers. sing. masc. imparf. Qal du v. irrég. (לה) הָיָה. — 17. R. עמם. — 18. R. כון. — 19. chercher אָח — 20. כָּמֹנִי composé de כְּמוֹ (forme de la part. כְּ devant certains suff.), d'un נ d'origine incertaine et du suff. de la 1re pers. sing. — 21. יָקִים, 3e pers. sing. masc. imparf. Hip^{h}'il du verbe (עו) קוּם. — 22. אֵלָיו, composé de אֶל־, « vers », avec le suff. de la 3e pers. sing. masc. ; la plupart des prépositions prennent les suffixes à la façon des noms au pluriel. — 23. תִּשְׁמָעוּן pour תִּשְׁמְעוּ (le ן est emphatique ; la voyelle *â* long est due à l'influence du Sillûq). — 24. חֹרֵב, le mont « Horeb ». — 25 לֵאמֹר (pour לְאֱמֹר), composé de לְ (dont la voyelle s'est allongée sous l'influence de la lettre faible א qui a cessé de se prononcer, et de אֱמֹר, infinit. const. Qal du verbe (פ guttural) אָמַר. — 26. אֹסֵף, 1re pers. sing. imparf. Hip^{h}'il du verbe (פו) יָסַף. — 27. שְׁמֹעַ, infinit. const. Qal du verbe (ל guttural) שָׁמַע. — 28.

17 וַיֹּאמֶר[30] יְהוָה אֵלָי[31] הֵיטִיבוּ[32] אֲשֶׁר דִּבֵּרוּ׃ 18 נָבִיא
אָקִים[33] לָהֶם מִקֶּרֶב אֲחֵיהֶם[34] כָּמוֹךָ[35] וְנָתַתִּי[36] דְבָרַי בְּפִיו[37]
וְדִבֶּר אֲלֵיהֶם[38] אֵת כָּל־אֲשֶׁר אֲצַוֶּנּוּ[39]׃ 19 וְהָיָה הָאִישׁ
אֲשֶׁר לֹא־יִשְׁמַע אֶל־דְּבָרַי אֲשֶׁר יְדַבֵּר בִּשְׁמִי[40] אָנֹכִי אֶדְרֹשׁ
מֵעִמּוֹ[41]׃ 20 אַךְ הַנָּבִיא אֲשֶׁר יָזִיד[42] לְדַבֵּר דָּבָר בִּשְׁמִי[40]
אֵת אֲשֶׁר לֹא־צִוִּיתִיו[43] לְדַבֵּר וַאֲשֶׁר יְדַבֵּר בְּשֵׁם אֱלֹהִים
אֲחֵרִים וּמֵת[10] הַנָּבִיא הַהוּא[44]׃ 21 וְכִי תֹאמַר[45] בִּלְבָבֶךָ
אֵיכָה נֵדַע[46] אֶת־הַדָּבָר אֲשֶׁר לֹא־דִבְּרוֹ יְהוָה׃ 22 אֲשֶׁר
יְדַבֵּר הַנָּבִיא בְּשֵׁם יְהוָה וְלֹא־יִהְיֶה[47] הַדָּבָר וְלֹא יָבֹא[48]
הוּא הַדָּבָר אֲשֶׁר לֹא־דִבְּרוֹ יְהוָה בְּזָדוֹן[49] דִּבְּרוֹ הַנָּבִיא לֹא
תָגוּר[50] מִמֶּנּוּ[51]׃

אֶרְאֶה, 1re pers. sing. imparf. Qal du verbe (לה) רָאָה. — 29. אָמוּת, 1re pers. sing. imparf. Qal du verbe (עו) מוּת. — 30. וַיֹּאמֶר, et יֹאמֶר (pour יֹאמַר). 3e pers. sing. masc. imparf. Qal du verbe (פא) אָמַר — 31. Cf. 22. — 32. הֵיטִיבוּ, 3e pers. plur. parf. Hip^h'il, du verbe (פי) יָטַב. — 33. Cf. 21. — 34. Cf. 19. — 35. Cf. 20. — 36. נָתַתִּי, pour נָתַנְתִּי (avec assimilation du נ au ת). — 37. פִּיו composé de פִּי, état const. irrégul. de פֶּה, et du suff. ו. — 38. Cf. 22. — 39. אֲצַוֶּנּוּ, R. צוה; « je lui ordonnerai » — 40. שְׁמִי, composé de שֵׁם et du suff. ִי. — 41. עִמּוֹ, composé de עִם (R. עמם) et du suff. וֹ. — 42. יָזִיד, 3e pers. sing. masc. imparf. Hip^h'il du verbe (עו) זוּד. — 43. צִוִּיתִיו, composé de צִוִּיתִי, 1re pers. sing. parf. Pi'êl du verbe (לה) צִוָּה, et du suff. ו. — 44. Cf. 6. — 45. Cf. 30. — 46. נֵדַע, 1re pers. plur. imparf. Qal du verbe (פי) יָדַע. — 47. Cf. 16. — 48. יָבֹא, 3e pers. sing. masc. imparf. Qal. du verbe (עו) בּוֹא. — 49. זָדוֹן, R. זוד. — 50. תָּגוּר, 2e pers. sing. masc. imparf. Qal du verbe (עו) גּוּר. — 51. מִמֶּנּוּ, composé de מִן redoublé et du suffixe הוּ (comme s'il y avait מִנְמִנְהוּ ; le ה est supprimé et, par compensation, le נ est redoublé).

2° La prière de Salomon (I *Reg.*, III, 5-14).

5 בְּגִבְעוֹן[1] נִרְאָה[2] יְהוָה אֶל־שְׁלֹמֹה[3] בַּחֲלוֹם הַלָּיְלָה וַיֹּאמֶר[4]
אֱלֹהִים שְׁאַל מָה אֶתֶּן[5]־לָךְ׃ 6 וַיֹּאמֶר[4] שְׁלֹמֹה[3] אַתָּה עָשִׂיתָ[6]
עִם[7]־עַבְדְּךָ דָוִד[8] אָבִי[9] חֶסֶד גָּדוֹל כַּאֲשֶׁר הָלַךְ לְפָנֶיךָ[10]
בֶּאֱמֶת[11] וּבִצְדָקָה וּבְיִשְׁרַת לֵבָב עִמָּךְ[12] וַתִּשְׁמָר[13]־לוֹ אֶת־
הַחֶסֶד הַגָּדוֹל הַזֶּה וַתִּתֶּן[14]־לוֹ בֵן יֹשֵׁב עַל[15]־כִּסְאוֹ כַּיּוֹם
הַזֶּה׃ 7 וְעַתָּה יְהוָה אֱלֹהָי אַתָּה הִמְלַכְתָּ אֶת־עַבְדְּךָ תַּחַת
דָּוִד[8] אָבִי[9] וְאָנֹכִי נַעַר קָטֹן לֹא אֵדַע[16] צֵאת[17] וָבֹא[18]׃
8 וְעַבְדְּךָ בְּתוֹךְ[19] עַמְּךָ[20] אֲשֶׁר בָּחָרְתָּ[21] עַם[20]־רָב[22] אֲשֶׁר לֹא
יִמָּנֶה[23] וְלֹא יִסָּפֵר מֵרֹב[24]׃ 9 וְנָתַתָּ[25] לְעַבְדְּךָ לֵב שֹׁמֵעַ[26]
לִשְׁפֹּט אֶת־עַמְּךָ[20] לְהָבִין[27] בֵּין[28]־טוֹב לְרָע[29] כִּי מִי יוּכַל[30]

1. גִּבְעוֹן, « Gabaon ». — 2. נִרְאָה, 3e pers. sing. masc. parf. Nip^h'al du רָאָה (לה). — 3. שְׁלֹמֹה, « Salomon ». — 4. וַיֹּאמֶר, composé du וַ (avec la ponctuation spéciale du ו inversif et de יֹאמֶר (יֹאמֵר sans le ו), 3e pers. sing. masc. imparf. Qal du v. (פא) אָמַר. — 5. אֶתֶּן (sans le trait d'union אֶתֵּן), 1re pers. sing. imparf. Qal du v. (פנ) נָתַן. — 6. עָשִׂיתָ, 2e pers. sing. masc. parf. Qal du v. (פּ guttur. et לה) עָשָׂה — 7. עִם, R. עמם. — 8. דָּוִד, « David ». — 9. אָבִי, composé de אָב, ét. const. irrég. אֲבִי, et du suff. ִי—. — 10. פָּנֶיךָ, R. פנה. — 11. אֱמֶת, R. אמן. — 12. עִמָּךְ (pour עִמְּךָ, à cause de l'At^{h}nâḥ), cf. 7. — 13. תִּשְׁמָר־, sans trait d'union תִּשְׁמֹר. — 14. תִּתֶּן, cf. 5. — 15. עַל, chercher sous עָלָה. — 16. אֵדַע, 1re pers. sing. imparf. Qal du v. (פי) יָדַע. — 17. צֵאת, infin. const. Qal du v. (פי et לא) יָצָא. — 18. בֹּא, infin. const. Qal du v. (עו) בּוֹא. — 19. תּוֹךְ, ét. const. du nom-racine תָּוֶךְ. — 20. עַם, R. עמם. — 21. בָּחָרְתָּ pour בָּחַרְתָּ à cause de l'At^{h}nâḥ. — 22, רָב, R. רבב. — 23. יִמָּנֶה, 3e pers. sing. masc. imparf. Nip^h'al du v. (לה) מָנָה. — 24. רֹב, R. רבב. — 25 נָתַתָּ, pour נָתַנְתָּ. — 26. שֹׁמֵעַ, part. act. Qal du v. (ל guttur.), שָׁמַע. — 27. הָבִין, infin. Hip^h'il du v. (עו) בִּין. — 28. בֵּין, R. בין. — 29. רָע, R. רעע. — 30. יוּכַל,

לִשְׁפֹּט אֶת־עַמְּךָ[20] הַכָּבֵד הַזֶּה׃ 10 וַיִּיטַב[31] הַדָּבָר בְּעֵינֵי[32]
אֲדֹנָי כִּי שָׁאַל שְׁלֹמֹה[3] אֶת־הַדָּבָר הַזֶּה׃ 11 וַיֹּאמֶר[1] אֱלֹהִים
אֵלָיו[33] יַעַן[34] אֲשֶׁר שָׁאַלְתָּ אֶת־הַדָּבָר הַזֶּה וְלֹא שָׁאַלְתָּ לְּךָ
יָמִים[35] רַבִּים[36] וְלֹא שָׁאַלְתָּ לְּךָ עֹשֶׁר וְלֹא שָׁאַלְתָּ נֶפֶשׁ
אֹיְבֶיךָ וְשָׁאַלְתָּ לְּךָ הָבִין[27] לִשְׁמֹעַ[37] מִשְׁפָּט׃ 12 הִנֵּה עָשִׂיתִי[38]
כִּדְבָרֶךָ הִנֵּה נָתַתִּי[39] לְךָ לֵב חָכָם וְנָבוֹן[40] אֲשֶׁר כָּמוֹךָ[41] לֹא־
הָיָה לְפָנֶיךָ[10] וְאַחֲרֶיךָ לֹא־יָקוּם[42] כָּמוֹךָ[41]׃ 13 וְגַם אֲשֶׁר לֹא
שָׁאַלְתָּ נָתַתִּי[39] לָךְ גַּם־עֹשֶׁר גַּם־כָּבוֹד אֲשֶׁר לֹא־הָיָה כָמוֹךָ[41]
אִישׁ בַּמְּלָכִים כָּל־[43]יָמֶיךָ[44]׃ 14 וְאִם תֵּלֵךְ[45] בִּדְרָכַי לִשְׁמֹר
חֻקַּי[46] וּמִצְוֺתַי[47] כַּאֲשֶׁר הָלַךְ דָּוִיד[8] אָבִיךָ[48] וְהַאֲרַכְתִּי[49] אֶת־
יָמֶיךָ[44]׃

3° *Le Roi juste et pacifique* (Is., XI, 1-8).

1 וְיָצָא חֹטֶר מִגֵּזַע יִשָׁי[1] וְנֵצֶר מִשָּׁרָשָׁיו יִפְרֶה[2]׃ 2 וְנָחָה[3]

3e pers. sing. masc. imparf. Qal (irrég.) de . יָכֹל (פי). — 31. יוטב, 3e pers. sing. masc. imparf. Qal du v. (פי) יָטַב. — 32. עֵינֵי, duel const. de עַיִן. — 33. אֵלָיו, composé de אֱלֵי־ (avec la désin. du plur.) et du suff. ־ָיו. — 34. יַעַן, R. ענה. — 35. יָמִים, plur. irrég. de יוֹם. — 36. רַבִּים, R. רבב. — 37. שְׁמֹעַ, infin. const. Qal du v. (ל guttur.) שָׁמַע. — 38. עָשִׂיתִי, cf. 6. — 39. נָתַתִּי, cf. 25. — 40 נָבוֹן, partic. Nipʰ'al du v. (עו) בִּין. — 41. כָּמוֹךָ, composé de כְּמוֹ, forme allongée de כְּ devant les suff., et du suff. ךָ. — 42. יָקוּם, 3e pers. sing. masc. imparf. Qal du v. (עו) קוּם. — 43. כָּל־, R. כלל. — 44. יָמֶיךָ, cf. 35. — 45. תֵּלֵךְ, 2e pers. sing. masc. imparf. Qal du v. (פה ou פי) הָלַךְ (יָלַךְ). — 46. חֻקַּי, composé de חֻקִּים, plur. de חֹק (R. חקק), et du suff. ־ַי. — 47. מִצְוֺתַי, R. צוה. — 48. אָבִיךָ, cf. 9. — 49. הַאֲרַכְתִּי, 1re pers. sing. parf. Hipʰ'il du v. (פ guttur.) אָרַךְ.

1. יִשָׁי pour יִשַׁי (à cause de l'Atʰnâḥ) « Isaï », père de David. — 2. יִפְרֶה

עָלָיו [4] רוּחַ יְהוָֹה רוּחַ חָכְמָה וּבִינָה רוּחַ עֵצָה [5] וּגְבוּרָה רוּחַ
דַּעַת [6] וְיִרְאַת יְהוָֹה׃ 3 וַהֲרִיחוֹ [7] בְּיִרְאַת יְהוָֹה וְלֹא־לְמַרְאֵה
עֵינָיו [8] יִשְׁפּוֹט וְלֹא־לְמִשְׁמַע אָזְנָיו יוֹכִיחַ [9]׃ 4 וְשָׁפַט בְּצֶדֶק
דַּלִּים [10] וְהוֹכִיחַ [11] בְּמִישׁוֹר לְעַנְוֵי [12]־אָרֶץ וְהִכָּה [13]־אֶרֶץ בְּשֵׁבֶט
פִּיו [14] וּבְרוּחַ שְׂפָתָיו [15] יָמִית [16] רָשָׁע׃ 5 וְהָיָה צֶדֶק אֵזוֹר מָתְנָיו
וְהָאֱמוּנָה אֵזוֹר חֲלָצָיו׃ 6 וְגָר [17] זְאֵב עִם־כֶּבֶשׂ וְנָמֵר עִם [18]־
גְּדִי [19] יִרְבָּץ וְעֵגֶל וּכְפִיר וּמְרִיא יַחְדָּו [20] וְנַעַר קָטֹן נֹהֵג בָּם [21]׃
7 וּפָרָה וָדֹב [22] תִּרְעֶינָה [23] יַחְדָּו [20] יִרְבְּצוּ יַלְדֵיהֶן וְאַרְיֵה כַּבָּקָר
יֹאכַל [24]־תֶּבֶן׃ 8 וְשִׁעֲשַׁע [25] יוֹנֵק עַל־חֻר [26] פֶּתֶן וְעַל מְאוּרַת
צִפְעוֹנִי גָּמוּל יָדוֹ הָדָה׃

3ᵉ pers. sing. masc. imparf. Qal du verbe (לה) פָּרָה. — 3. נָחָה, 3ᵉ pers. sing. fém. parf. Qal du v. (עו) נוּחַ. — 4. עָלָיו, composé de עַל (avec la forme du plur.) et du suff. יו. — 5. עֵצָה, R. יעץ. — 6. דַּעַת, R. ידע. — 7. הֲרִיחוֹ. composé de הָרִיחַ, infin. Hipʰ'il du verbe (עו) רוּחַ et du suff. וֹ. — 8. עֵינָיו, duel (עֵינַיִם) de עַיִן avec le suff. יו. — 9. יוֹכִיחַ, 3ᵉ pers. sing. masc. imparf. Hipʰ'il du v. (פי) יָכַח. — 10. דַּלִּים, R. דלל. — Cf. 9. — 12. עַנְוֵי, R. ענה. — 13. הִכָּה, 3ᵉ pers. sing. masc. parf. Hipʰ'il du v. (פנ et לה) נָכָה. — 14. פִּיו, état const. (פי) de פֶּה, avec le suff. יו. — 15. שְׂפָתָיו, duel (שְׂפָתַיִם) de שָׂפָה, avec le suff. יו. — 16. יָמִית, 3ᵉ pers. sing. masc. imparf. Hipʰ'il du v. (עו) מוּת. — 17. גָּר, 3ᵉ pers. sing. masc. parf. Qal du v. (עו) גּוּר. — 18. עִם, R. עמם. — 19. גְּדִי, R. גדה. — 20. יַחְדָּו (pour יַחְדָּיו), composé de יַחַד (au plur.) et du suff. יו. — 21. בָּם. composé de ב et du suff. ם ָ. — 22. דֹּב, R. דבב. — 23. תִּרְעֶינָה, 3ᵉ pers. plur. fém. imparf. Qal du v. (ע guttur. et לה) רָעָה. — 24. יֹאכַל, 3ᵉ pers. sing. masc. imparf. Qal du v. (פא) אָכַל. — 25. שִׁעֲשַׁע, 3ᵉ pers. sing. masc. parf. Pilpêl (forme voisine du Pi'êl) du v. (עע) שָׁעַע. — 26. חֻר, R. הור.

TABLE DES MATIÈRES

PARADIGMES [1]

(1) Dans les paradigmes du verbe et du nom, nous faisons précéder du signe **o** toute forme dans laquelle un principe propre à une flexion trouve pour la première fois son application.

Ancien	Carré	Noms des lettres	Sens	Transcription	Valeur numérique	Samaritain	Rabbinique
𐤀	א	אָלֶף	*Bœuf*	ʾ	1	ࠀ	א
𐤁	ב	בֵּית	*Maison*	b	2	ࠁ	ב
𐤂	ג	גִּימֶל	*Chameau*	g	3	ࠂ	ג
𐤃	ד	דָּלֶת	*Porte*	d	4	ࠃ	ד
𐤄	ה	הֵא	*Fenêtre ?*	h	5	ࠄ	ה
𐤅	ו	וָו	*Clou*	w	6	ࠅ	ו
𐤆	ז	זַיִן	*Arme*	z	7	ࠆ	ז
𐤇	ח	חֵית	*Barrière ?*	ḥ	8	ࠇ	ח
𐤈	ט	טֵית	*Serpent ?*	ṭ	9	ࠈ	ט
𐤉	י	יוֹד	*Main*	y	10	ࠉ	י
𐤊	כ ך	כַּף	*Creux de la main*	k	20	ࠊ	כ ך
𐤋	ל	לָמֶד	*Aiguillon*	l	30	ࠋ	ל
𐤌	מ ם	מֵים	*Eau*	m	40	ࠌ	מ ם
𐤍	נ ן	נוּן	*Poisson*	n	50	ࠍ	נ ן
𐤎	ס	סָמֶךְ	*Étai*	s	60	ࠎ	ס
𐤏	ע	עַיִן	*Œil*	ʿ	70	ࠏ	ע
𐤐	פ ף	פֵּא	*Bouche*	p	80	ࠐ	פ ף
𐤑	צ ץ	צָדֵי	*Harpon ?*	ṣ	90	ࠑ	צ ץ
𐤒	ק	קוֹף	*Nuque*	q	100	ࠒ	ק
𐤓	ר	רֵישׁ	*Tête*	r	200	ࠓ	ר
𐤔	שׁ, שׂ	שִׁין	*Dent*	ś, š	300	ࠔ	ש
𐤕	ת	תָּו	*Signe*	t	400	ࠕ	ת

§ I. — PRONOMS PERSONNELS

	PRONOMS SÉPARÉS	PRONOMS INSÉPARABLES — PRONOMS SUJETS — au Parf.	PRONOMS SUJETS — à l'Imparfait — préform.	PRONOMS SUJETS — à l'Imparfait — afform.	PRONOMS COMPLÉMENTS
Sing. 1 c.	אֲנִי ; pause אָנִי				
	אָנֹכִי ; *id.* אָנֹכִי	תִּי	א		נִי ; ִי
2 m.	אַתָּה, (אַתְּ) ; *id.* אָתָּה, אָתָּה	תָּ	ת		ךָ, (כָה)
2 f.	אַתְּ, (אַתִּי) ; *id.* אָתְּ	תְּ	ת	ִי	ךְ, (כִי)
3 m.	הוּא				וֹ, ו, הוּ
3 f.	הִיא				ָהּ, הָ
Plur. 1 c.	(אֲנוּ)				
	אֲנַחְנוּ ; *id.* אֲנָחְנוּ	נוּ	נ		נוּ
	נַחְנוּ ; *id.* נָחְנוּ				
2 m.	אַתֶּם	תֶּם	ת	וּ	כֶם
2 f.	אַתֵּנָה, (אַתֵּנָּה), (אַתֵּן)	תֶּן	ת	נָה	כֶן
3 m.	הֵמָּה, (הֶם־), הֵם			וּ	הֶם ; ם, (מוֹ)
3 f.	הֵנָּה, (הֶן, הֵן)	וּ (וּן)		נָה	הֶן, (הֵנָּה) ; ן, (נָה)

§ II. — PRONOMS DÉMONSTRATIFS

***Singulier* : masculin** זֶה, הַזֶּה ; **féminin** זֹאת, הַזֹּאת.

***Pluriel* commun** אֵלֶּה, הָאֵלֶּה, (אֵל, הָאֵל).

***Formes rares* :** זוּ, הַלָּז, הַלָּזֶה, הַלֵּזוּ.

§ III. — PRONOMS RELATIFS

Pronom séparable אֲשֶׁר ; **préfixe** ·שֶׁ, ·שַׁ, (שָׁ, שְׁ).

§ IV. — PRONOMS INTERROGATIFS

***Pour les personnes* :** מִי.

***Pour les choses* :** מָה, ·מַה, מֶה.

		Qal			Nip^{h}ʿal
Parf.	Sing. 3 m.	qaṭála	qaṭíla	qaṭúla	naqṭála
	3 f.	qaṭálat	qaṭílat	qaṭúlat	naqṭálat
	2 m.	qaṭálta	qaṭálta	qaṭúlta	naqṭálta
	2 f.	qaṭálti	qaṭálti	qaṭúlti	naqṭálti
	1 c.	qaṭálti	qaṭálti	qaṭúlti	naqṭálti
	Plur. 3 c.	qaṭálû (ûna)	qaṭílû	qaṭúlû	naqṭálû
	2 m.	qaṭaltúm	qaṭaltúm	qaṭultúm	naqṭaltúm
	2 f.	qaṭaltún (unna)	qaṭaltún	qaṭultún	naqṭaltún
	1 c.	qaṭálnû	qaṭálnû	qaṭúlnû	naqṭálnû
Infinit.	absol.	qaṭâl	qaṭâl	qaṭâl	naqṭâl, hiqqaṭâl
	const.	q^{e}ṭúl	(q^{e}ṭál)	(q^{e}ṭíl)	hiqqaṭíl
Impér.	Sing. 2 m.	q^{e}ṭúl	q^{e}ṭál	q^{e}ṭíl *	hiqqaṭál
	2 f.	q^{e}ṭúlî (îna)	q^{e}ṭálî	q^{e}ṭílî	hiqqaṭálî
	Plur. 2 m.	q^{e}ṭúlû (ûna)	q^{e}ṭálû	q^{e}ṭílû	hiqqaṭálû
	2 f.	q^{e}ṭúlna	q^{e}ṭálna	q^{e}ṭílna	hiqqaṭálna
Imparf.	Sing. 3 m.	yaqṭúlu	yaqṭálu	yaqṭílu	yaqqaṭálu
	3 f.	taqṭúlu	taqṭálu	taqṭílu	taqqaṭálu
	2 m.	taqṭúlu	taqṭálu	taqṭílu	taqqaṭálu
	2 f.	taqṭúlî (îna)	taqṭálî	taqṭílî	taqqaṭálî
	1 c.	’aqṭúlu	’aqṭálu	’aqṭílu	’aqqaṭálu
	Plur. 3 m.	yaqṭúlû (ûna)	yaqṭálû	yaqṭílû	yaqqaṭálû
	3 f.	taqṭúlna	taqṭálna	taqṭílna	taqqaṭálna
	2 m.	taqṭúlû (ûna)	taqṭálû	taqṭílû	taqqaṭálû
	2 f.	taqṭúlna	taqṭálna	taqṭílna	taqqaṭálna
	1 c.	naqṭúlu	naqṭálu	naqṭílu	naqqaṭálu
Partic.	act.	qâṭil	qaṭil	qaṭul	naqṭal
	pass.	qaṭûl			

*La 3e forme de l'impératif et de l'imparfait est en rapport, non avec le parfait statif correspond la 2e forme (en A) de l'imparfait.

Pi'ēl	Pu'al	Hip^h'il	Hop^h'al	Hit^hpa'ēl
qaṭṭála	quṭṭála	haqṭála	huqṭála	hitqaṭṭála
qaṭṭálat	quṭṭálat	haqṭálat	huqṭálat	hitqaṭṭálat
qaṭṭálta	quṭṭálta	haqṭálta	huqṭálta	hitqaṭṭálta
qaṭṭálti	quṭṭálti	haqṭálti	huqṭálti	hitqaṭṭálti
qaṭṭálti	quṭṭálti	haqṭálti	huqṭálti	hitqaṭṭálti
qaṭṭálû	quṭṭálû	haqṭálû	huqṭálû	hitqaṭṭálû
qaṭṭaltúm	quṭṭaltúm	haqṭaltúm	huqṭaltúm	hitqaṭṭaltúm
qaṭṭaltún	quṭṭaltún	haqṭaltún	huqṭaltún	hitqaṭṭaltún
qaṭṭálnû	quṭṭálnû	haqṭálnû	huqṭálnû	hitqaṭṭálnû
qaṭṭâl	quṭṭâl	haqṭíl	huqṭíl	hitqaṭṭíl
qaṭṭíl	quṭṭâl	haqṭíl	huqṭál	
qaṭṭíl		haqṭíl		hitqaṭṭíl
qaṭṭílî		haqṭílî		hitqaṭṭílî
qaṭṭílû		haqṭílû		hitqaṭṭílû
qaṭṭílna		haqṭílna		hitqaṭṭílna
yu(?) yaqaṭṭílu	yaquṭṭálu	yaqṭílu	yuqṭálu	yatqaṭṭálu
taqaṭṭílu	taquṭṭálu	taqṭílu	tuqṭálu	tatqaṭṭálu
taqaṭṭílu	taquṭṭálu	taqṭílu	tuqṭálu	tatqaṭṭálu
taqaṭṭílî	taquṭṭálî	taqṭílî	tuqṭálî	tatqaṭṭálî
'aqaṭṭílu	'aquṭṭálu	'aqṭílu	'uqṭálu	'atqaṭṭálu
yaqaṭṭílû	yaquṭṭálû	yaqṭílû	yuqṭálû	yatqaṭṭálû
taqaṭṭílna	taquṭṭálna	taqṭílna	tuqṭálna	tatqattálna
taqaṭṭílû	taquṭṭálû	taqṭílû	tuqṭálû	tatqaṭṭálû
taqaṭṭílna	taquṭṭálna	taqṭílna	tuqṭálna	tatqaṭṭálna
naqaṭṭílu	naquṭṭálu	naqṭílu	nuqṭálu	natqaṭṭálu
maqaṭṭíl		maqṭíl		matqaṭṭíl
	maquṭṭál		muqṭál	

qatúla, mais avec le parfait actif *qatála;* au parfait *qatúla* de même qu'au parfait *qatíla*

		Qal actif	Qal statif		Nipʰ'al
Parf.	Sing. 3 m.	°קָטַל	°כָּבֵד	°קָטֹן	°נִקְטַל
	3 f.	°קָטְלָה	°כָּבְדָה	°קָטְנָה	°נִקְטְלָה
	2 m.	°קָטַ֫לְתָּ	°כָּבַ֫דְתָּ	°קָטֹ֫נְתָּ	°נִקְטַ֫לְתָּ
	2 f.	קָטַלְתְּ	כָּבַדְתְּ	קָטֹנְתְּ	נִקְטַלְתְּ
	1 c.	קָטַ֫לְתִּי	כָּבַ֫דְתִּי	קָטֹ֫נְתִּי	נִקְטַ֫לְתִּי
	Plur. 3 c.	°קָטְלוּ	°כָּבְדוּ	°קָטְנוּ	נִקְטְלוּ
	2 m.	°קְטַלְתֶּם	°כְּבַדְתֶּם	°קְטָנְתֶּם	נִקְטַלְתֶּם
	2 f.	קְטַלְתֶּן	כְּבַדְתֶּן	קְטָנְתֶּן	נִקְטַלְתֶּן
	1 c.	קָטַ֫לְנוּ	כָּבַ֫דְנוּ	קָטֹ֫נּוּ	נִקְטַ֫לְנוּ
Infinit.	absol.	°קָטוֹל			°נִקְטוֹל
	const.	°קְטֹל	כְּבַד		°הִקָּטֵל
Impér.	Sing. 2 m.	°קְטֹל	°כְּבַד		°הִקָּטֵל
	2 f.	°קִטְלִי	°כִּבְדִי	*manque*	°הִקָּטְלִי
	Plur. 2 m.	קִטְלוּ	כִּבְדוּ		הִקָּטְלוּ
	2 f.	°קְטֹ֫לְנָה	°כְּבַ֫דְנָה		°הִקָּטַ֫לְנָה
Imparf.	Sing. 3 m.	°יִקְטֹל	יִכְבַּד	יִקְטֹן	°יִקָּטֵל
	3 f.	תִּקְטֹל	תִּכְבַּד	etc.	תִּקָּטֵל
	2 f.	תִּקְטֹל	תִּכְבַּד	comme	תִּקָּטֵל
	2 f.	°תִּקְטְלִי	°תִּכְבְּדִי	יִכְבַּד	°תִּקָּטְלִי
	1 c.	אֶקְטֹל	אֶכְבַּד		אֶקָּטֵל
	Plur. 3 m.	יִקְטְלוּ	יִכְבְּדוּ		יִקָּטְלוּ
	3 f.	°תִּקְטֹ֫לְנָה	°תִּכְבַּ֫דְנָה		°תִּקָּטַ֫לְנָה
	2 m.	תִּקְטְלוּ	תִּכְבְּדוּ		תִּקָּטְלוּ
	2 f.	°תִּקְטֹ֫לְנָה	°תִּכְבַּ֫דְנָה		°תִּקָּטַ֫לְנָה
	1 c.	נִקְטֹל	נִכְבַּד		נִקָּטֵל
Imparf.	apocopé				
Partic.	act.	°קֹטֵל	°כָּבֵד	°קָטֹן	°נִקְטָל
	pass.	°קָטוּל			

Piʿēl	Puʿal	Hipʰʿīl	Hopʰʿal	Hitʰpaʿēl
קִטֵּל°	קֻטַּל°	הִקְטִיל°	הָקְטַל°	הִתְקַטֵּל°
קִטְּלָה°	קֻטְּלָה°	הִקְטִילָה°	הָקְטְלָה°	הִתְקַטְּלָה°
קִטַּלְתָּ°	קֻטַּלְתָּ°	הִקְטַלְתָּ°	הָקְטַלְתָּ°	הִתְקַטַּלְתָּ°
קִטַּלְתְּ	קֻטַּלְתְּ	הִקְטַלְתְּ	הָקְטַלְתְּ	הִתְקַטַּלְתְּ
קִטַּלְתִּי	קֻטַּלְתִּי	הִקְטַלְתִּי	הָקְטַלְתִּי	הִתְקַטַּלְתִּי
קִטְּלוּ	קֻטְּלוּ	הִקְטִילוּ	הָקְטְלוּ	הִתְקַטְּלוּ
קִטַּלְתֶּם	קֻטַּלְתֶּם	הִקְטַלְתֶּם	הָקְטַלְתֶּם	הִתְקַטַּלְתֶּם
קִטַּלְתֶּן	קֻטַּלְתֶּן	הִקְטַלְתֶּן	הָקְטַלְתֶּן	הִתְקַטַּלְתֶּן
קִטַּלְנוּ	קֻטַּלְנוּ	הִקְטַלְנוּ	הָקְטַלְנוּ	הִתְקַטַּלְנוּ
קַטֵּל°	קֻטַּל°	הַקְטֵל°	הָקְטֵל°	
קַטֵּל°	(קֻטַּל)°	הַקְטִיל°	(הָקְטַל)°	הִתְקַטֵּל°
קַטֵּל°	*manque*	הַקְטֵל°	*manque*	הִתְקַטֵּל°
קַטְּלִי°		הַקְטִילִי°		הִתְקַטְּלִי°
קַטְּלוּ		הַקְטִילוּ		הִתְקַטְּלוּ
קַטֵּלְנָה°		הַקְטֵלְנָה°		הִתְקַטֵּלְנָה°
יְקַטֵּל°	יְקֻטַּל°	יַקְטִיל°	יָקְטַל°	יִתְקַטֵּל°
תְּקַטֵּל	תְּקֻטַּל	תַּקְטִיל	תָּקְטַל	תִּתְקַטֵּל
תְּקַטֵּל	תְּקֻטַּל	תַּקְטִיל	תָּקְטַל	תִּתְקַטֵּל
תְּקַטְּלִי°	תְּקֻטְּלִי°	תַּקְטִילִי°	תָּקְטְלִי°	תִּתְקַטְּלִי°
אֲקַטֵּל	אֲקֻטַּל	אַקְטִיל	אָקְטַל	אֶתְקַטֵּל
יְקַטְּלוּ	יְקֻטְּלוּ	יַקְטִילוּ	יָקְטְלוּ	יִתְקַטְּלוּ
תְּקַטֵּלְנָה°	תְּקֻטַּלְנָה°	תַּקְטֵלְנָה°	תָּקְטַלְנָה°	תִּתְקַטֵּלְנָה°
תְּקַטְּלוּ	תְּקֻטְּלוּ	תַּקְטִילוּ	תָּקְטְלוּ	תִּתְקַטְּלוּ
תְּקַטֵּלְנָה	תְּקֻטַּלְנָה	תַּקְטֵלְנָה	תָּקְטַלְנָה	תִּתְקַטֵּלְנָה
נְקַטֵּל	נְקֻטַּל	נַקְטִיל	נָקְטַל	נִתְקַטֵּל
		יַקְטֵל°		
מְקַטֵּל°	מְקֻטָּל°	מַקְטִיל°	מָקְטָל°	מִתְקַטֵּל°

	Qal	Nipʰʿal	Piʿēl
Parf. Sing. 3 m.	כָּתַב°	נִכְתַּב°	כִּתֵּב°
3 f.	כָּתְבָה°	נִכְתְּבָה°	כִּתְּבָה°
2 m.	כָּתַ֫בְתָּ°	נִכְתַּ֫בְתָּ°	כִּתַּ֫בְתָּ°
2 f.	כָּתַבְתְּ	נִכְתַּבְתְּ	כִּתַּבְתְּ
1 c.	כָּתַ֫בְתִּי	נִכְתַּ֫בְתִּי	כִּתַּ֫בְתִּי
Plur. 3 c.	כָּתְבוּ	נִכְתְּבוּ	כִּתְּבוּ
2 m.	כְּתַבְתֶּם°	נִכְתַּבְתֶּם	כִּתַּבְתֶּם
2 f.	כְּתַבְתֶּן	נִכְתַּבְתֶּן	כִּתַּבְתֶּן
1 c.	כָּתַ֫בְנוּ	נִכְתַּ֫בְנוּ	כִּתַּ֫בְנוּ
Infinit. absol.	כָּתוֹב°	נִכְתֹּב°	כַּתֹּב°
const.	כְּתֹב°	הִכָּתֵב°	כַּתֵּב°
Impér. Sing. 2 m.	כְּתֹב°	הִכָּתֵב°	כַּתֵּב°
2 f.	כִּתְבִי°	הִכָּתְבִי°	כַּתְּבִי°
Plur. 2 m.	כִּתְבוּ	הִכָּתְבוּ	כַּתְּבוּ
2 f.	כְּתֹ֫בְנָה°	הִכָּתַ֫בְנָה°	כַּתֵּ֫בְנָה°
Imparf. Sing. 3 m.	יִכְתֹּב°	יִכָּתֵב°	יְכַתֵּב°
3 f.	תִּכְתֹּב	תִּכָּתֵב	תְּכַתֵּב
2 m.	תִּכְתֹּב	תִּכָּתֵב	תְּכַתֵּב
2 f.	תִּכְתְּבִי°	תִּכָּתְבִי°	תְּכַתְּבִי°
1 c.	אֶכְתֹּב	אֶכָּתֵב	אֲכַתֵּב
Plur. 3 m.	יִכְתְּבוּ	יִכָּתְבוּ	יְכַתְּבוּ
3 f.	תִּכְתֹּ֫בְנָה°	תִּכָּתַ֫בְנָה°	תְּכַתֵּ֫בְנָה°
2 m.	תִּכְתְּבוּ	תִּכָּתְבוּ	תְּכַתְּבוּ
2 f.	תִּכְתֹּ֫בְנָה	תִּכָּתַ֫בְנָה	תְּכַתֵּ֫בְנָה
1 c.	נִכְתֹּב	נִכָּתֵב	נְכַתֵּב
Imparf. apocopé			
Partic. act.	כֹּתֵב°	נִכְתָּב°	מְכַתֵּב°
pass.	כָּתוּב°		

Puʿal	Hipʰʿîl	Hopʰʿal	Hitʰpaʿēl
°כֻּתַּב	°הִכְתִּיב	°הָכְתַּב	°הִתְכַּתֵּב
°כֻּתְּבָה	°הִכְתִּיבָה	°הָכְתְּבָה	°הִתְכַּתְּבָה
°כֻּתַּבְתָּ	°הִכְתַּבְתָּ	°הָכְתַּבְתָּ	°הִתְכַּתַּבְתָּ
כֻּתַּבְתְּ	הִכְתַּבְתְּ	הָכְתַּבְתְּ	הִתְכַּתַּבְתְּ
כֻּתַּבְתִּי	הִכְתַּבְתִּי	הָכְתַּבְתִּי	הִתְכַּתַּבְתִּי
כֻּתְּבוּ	הִכְתִּיבוּ	הָכְתְּבוּ	הִתְכַּתְּבוּ
כֻּתַּבְתֶּם	הִכְתַּבְתֶּם	הָכְתַּבְתֶּם	הִתְכַּתַּבְתֶּם
כֻּתַּבְתֶּן	הִכְתַּבְתֶּן	הָכְתַּבְתֶּן	הִתְכַּתַּבְתֶּן
כֻּתַּבְנוּ	הִכְתַּבְנוּ	הָכְתַּבְנוּ	הִתְכַּתַּבְנוּ
°כֻּתֹּב °(כֻּתַּב)	°הַכְתֵּב °הַכְתִּיב	°הָכְתֵּב °(הָכְתַּב)	°הִתְכַּתֵּב
manque	°הַכְתֵּב °הַכְתִּיבִי הַכְתִּיבוּ °הַכְתֵּבְנָה	*manque*	°הִתְכַּתֵּב °הִתְכַּתְּבִי הִתְכַּתְּבוּ °הִתְכַּתֵּבְנָה
°יְכֻתַּב	°יַכְתִּיב	°יָכְתַּב	°יִתְכַּתֵּב
תְּכֻתַּב	תַּכְתִּיב	תָּכְתַּב	תִּתְכַּתֵּב
תְּכֻתַּב	תַּכְתִּיב	תָּכְתַּב	תִּתְכַּתֵּב
°תְּכֻתְּבִי	°תַּכְתִּיבִי	°תָּכְתְּבִי	°תִּתְכַּתְּבִי
אֲכֻתַּב	אַכְתִּיב	אָכְתַּב	אֶתְכַּתֵּב
יְכֻתְּבוּ	יַכְתִּיבוּ	יָכְתְּבוּ	יִתְכַּתְּבוּ
°תְּכֻתַּבְנָה	°תַּכְתֵּבְנָה	°תָּכְתַּבְנָה	°תִּתְכַּתֵּבְנָה
תְּכֻתְּבוּ	תַּכְתִּיבוּ	תָּכְתְּבוּ	תִּתְכַּתְּבוּ
תְּכֻתַּבְנָה	תַּכְתֵּבְנָה	תָּכְתַּבְנָה	תִּתְכַּתֵּבְנָה
נְכֻתַּב	נַכְתִּיב	נָכְתַּב	נִתְכַּתֵּב
	°יַכְתֵּב		
°מְכֻתָּב	°מַכְתִּיב	°מָכְתָּב	°מִתְכַּתֵּב

	Qal			
Parf. Sing. 3 m.		עָמַד	אָסַר	
3 f.		עָֽמְדָה	אָֽסְרָה	
2 m.		עָמַ֫דְתָּ	אָסַ֫רְתָּ	
2 f.		עָמַדְתְּ	אָסַרְתְּ	
1 c.		עָמַ֫דְתִּי	אָסַ֫רְתִּי	
Plur. 3 c.		עָֽמְדוּ	אָֽסְרוּ	
2 m.		עֲמַדְתֶּם°	אֲסַרְתֶּם°	
2 f.		עֲמַדְתֶּן°	אֲסַרְתֶּן°	
1 c.		עָמַ֫דְנוּ	אָסַ֫רְנוּ	
Infinit. abs.		עָמוֹד	אָסוֹר	
const.	עֲמֹד°	חֲשֹׁב°	אֱסֹר°	חֲזַק° (?)
Impér. Sing. 2 m.	עֲמֹד°	חֲשֹׁב°	אֱסֹר°	חֲזַק°
2 f.	עִמְדִי	חִשְׁבִי	אִסְרִי	חִזְקִי
Plur. 2 m.	עִמְדוּ	חִשְׁבוּ	אִסְרוּ	חִזְקוּ
2 f.	עֲמֹ֫דְנָה°	חֲשֹׁ֫בְנָה°	אֱסֹ֫רְנָה°	חֲזַ֫קְנָה°
Imparf. Sing. 3 m.	יַעֲמֹד°	יַחְשֹׁב°	יֶאְשַׁם°	יֶחֱזַק°
3 f.	תַּעֲמֹד	תַּחְשֹׁב	תֶּאְשַׁם	תֶּחֱזַק
2 m.	תַּעֲמֹד	תַּחְשֹׁב	תֶּאְשַׁם	תֶּחֱזַק
2 f.	תַּעַמְדִי°	תַּחְשְׁבִי°	תֶּאְשְׁמִי°	תֶּחֶזְקִי°
1 c.	אֶעֱמֹד°	אַחְשֹׁב	אֶאְשַׁם	אֶחֱזַק
Plur. 3 m.	יַעַמְדוּ	יַחְשְׁבוּ	יֶאְשְׁמוּ	יֶחֶזְקוּ
3 f.	תַּעֲמֹ֫דְנָה	תַּחְשֹׁ֫בְנָה	תֶּאְשַׁ֫מְנָה	תֶּחֱזַ֫קְנָה
2 m.	תַּעַמְדוּ	תַּחְשְׁבוּ	תֶּאְשְׁמוּ	תֶּחֶזְקוּ
2 f.	תַּעֲמֹ֫דְנָה	תַּחְשֹׁ֫בְנָה	תֶּאְשַׁ֫מְנָה	תֶּחֱזַ֫קְנָה
1 c.	נַעֲמֹד	נַחְשֹׁב	נֶאְשַׁם	נֶחֱזַק
Imparf. apocopé				
Partic. act.		עֹמֵד		
pass.		עָמוּד		

Nip^h'al	Hip^h'il	Hop^h'al	Qal
°נֶעֱמַד	°הֶעֱמִיד	°הָעֳמַד	אָמַר
°נֶעֶמְדָה	הֶעֱמִ֫ידָה	°הָעָמְדָה	אָמְרָה
נֶעֱמַ֫דְתָּ	הֶעֱמַ֫דְתָּ	הָעֳמַ֫דְתָּ	אָמַ֫רְתָּ
נֶעֱמַדְתְּ	הֶעֱמַדְתְּ	הָעֳמַדְתְּ	אָמַרְתְּ
נֶעֱמַ֫דְתִּי	הֶעֱמַ֫דְתִּי	הָעֳמַ֫דְתִּי	אָמַ֫רְתִּי
נֶעֶמְדוּ	הֶעֱמִ֫ידוּ	הָעָמְדוּ	אָמְרוּ
נֶעֱמַדְתֶּם	הֶעֱמַדְתֶּם	הָעֳמַדְתֶּם	אֲמַרְתֶּם
נֶעֱמַדְתֶּן	הֶעֱמַדְתֶּן	הָעֳמַדְתֶּן	אֲמַרְתֶּן
נֶעֱמַ֫דְנוּ	הֶעֱמַ֫דְנוּ	הָעֳמַ֫דְנוּ	אָמַ֫רְנוּ
°נַעֲמוֹד	°הַעֲמֵד	°הָעֳמֵד	אָמוֹר
°הֵעָמֵד	°הַעֲמִיד		אֱמֹר
°הֵעָמֵד	°הַעֲמֵד	*manque*	אֱמֹר
הֵעָמְדִי	הַעֲמִ֫ידִי		אִמְרִי
הֵעָמְדוּ	הַעֲמִ֫ידוּ		אִמְרוּ
הֵעָמַ֫דְנָה	הַעֲמֵ֫דְנָה		אֱמֹ֫רְנָה
°יֵעָמֵד	°יַעֲמִיד	°יָעֳמַד	°יֹאמַר
תֵּעָמֵד	תַּעֲמִיד	תָּעֳמַד	תֹּאמַר, °תֹּאמֵר
תֵּעָמֵד	תַּעֲמִיד	תָּעֳמַד	תֹּאמַר, תֹּאמֵר
תֵּעָמְדִי	תַּעֲמִ֫ידִי	°תָּעָמְדִי	תֹּאמְרִי
אֵעָמֵד	אַעֲמִיד	אָעֳמַד	°אֹמַר
יֵעָמְדוּ	יַעֲמִ֫ידוּ	יָעָמְדוּ	יֹאמְרוּ, יֹאמֵרוּ
תֵּעָמַ֫דְנָה	תַּעֲמֵ֫דְנָה	תָּעֳמַ֫דְנָה	תֹּאמַ֫רְנָה
תֵּעָמְדוּ	תַּעֲמִ֫ידוּ	תָּעָמְדוּ	תֹּאמְרוּ, תֹּאמֵרוּ
תֵּעָמַ֫דְנָה	תַּעֲמֵ֫דְנָה	תָּעֳמַ֫דְנָה	תֹּאמַ֫רְנָה
נֵעָמֵד	נַעֲמִיד	נָעֳמַד	נֹאמַר
	יַעֲמֵד		°וַיֹּ֫אמֶר, °וַיֹּאמַר
°נֶעֱמָד	°מַעֲמִיד		אֹמֵר
		°מָעֳמָד	אָמוּר

	Qal	Niph^h'al	Pi'ēl
Parf. Sing. 3 m.	°שָׁלַח	°נִשְׁלַח	°שִׁלַּח
3 f.	שָׁלְחָה	נִשְׁלְחָה	שִׁלְּחָה
2 m.	שָׁלַחְתָּ	נִשְׁלַחְתָּ	שִׁלַּחְתָּ
2 f.	°שָׁלַחַתְּ	°נִשְׁלַחַתְּ	°שִׁלַּחַתְּ
1 c.	שָׁלַחְתִּי	נִשְׁלַחְתִּי	שִׁלַּחְתִּי
Plur. 3 c.	שָׁלְחוּ	נִשְׁלְחוּ	שִׁלְּחוּ
2 m.	°שְׁלַחְתֶּם	נִשְׁלַחְתֶּם	שִׁלַּחְתֶּם
2 f.	שְׁלַחְתֶּן	נִשְׁלַחְתֶּן	שִׁלַּחְתֶּן
1 c.	שָׁלַחְנוּ	נִשְׁלַחְנוּ	שִׁלַּחְנוּ
Infinit. absol.	°שָׁלוֹחַ	°נִשְׁלֹחַ	°שַׁלֵּחַ
const.	°שְׁלֹחַ	°הִשָּׁלַח	°שַׁלַּח
Impér. Sing. 2 m.	°שְׁלַח	°הִשָּׁלַח	°שַׁלַּח
2 f.	שִׁלְחִי	הִשָּׁלְחִי	שַׁלְּחִי
Plur. 2 m.	שִׁלְחוּ	הִשָּׁלְחוּ	שַׁלְּחוּ
2 f.	שְׁלַחְנָה	הִשָּׁלַחְנָה	°שַׁלַּחְנָה
Imparf. Sing. 3 m.	°יִשְׁלַח	°יִשָּׁלַח	°יְשַׁלַּח
3 f.	תִּשְׁלַח	תִּשָּׁלַח	תְּשַׁלַּח
2 m.	תִּשְׁלַח	תִּשָּׁלַח	תְּשַׁלַּח
2 f.	תִּשְׁלְחִי	תִּשָּׁלְחִי	תְּשַׁלְּחִי
1 c.	אֶשְׁלַח	אֶשָּׁלַח	אֲשַׁלַּח
Plur. 3 m.	יִשְׁלְחוּ	יִשָּׁלְחוּ	יְשַׁלְּחוּ
3 f.	°תִּשְׁלַחְנָה	תִּשָּׁלַחְנָה	°תְּשַׁלַּחְנָה
2 m.	תִּשְׁלְחוּ	תִּשָּׁלְחוּ	תְּשַׁלְּחוּ
2 f.	תִּשְׁלַחְנָה	תִּשָּׁלַחְנָה	תְּשַׁלַּחְנָה
1 c.	נִשְׁלַח	נִשָּׁלַח	נְשַׁלַּח
Imparf. apocopé			
Partic. pass.	°שֹׁלֵחַ	נִשְׁלָח	°מְשַׁלֵּחַ
act.	°שָׁלוּחַ		

Pu'al	Hip^h'îl	Hop^h'al	Hit^hpa'ēl
שֻׁלַּח	°הִשְׁלִיחַ	הָשְׁלַח	°הִשְׁתַּלַּח
שֻׁלְּחָה	הִשְׁלִיחָה	הָשְׁלְחָה	הִשְׁתַּלְּחָה
שֻׁלַּחְתָּ	הִשְׁלַחְתָּ	הָשְׁלַחְתָּ	הִשְׁתַּלַּחְתָּ
°שֻׁלַּחַתְּ	°הִשְׁלַחַתְּ	°הָשְׁלַחַתְּ	°הִשְׁתַּלַּחַתְּ
שֻׁלַּחְתִּי	הִשְׁלַחְתִּי	הָשְׁלַחְתִּי	הִשְׁתַּלַּחְתִּי
שֻׁלְּחוּ	הִשְׁלִיחוּ	הָשְׁלְחוּ	הִשְׁתַּלְּחוּ
שֻׁלַּחְתֶּם	הִשְׁלַחְתֶּם	הָשְׁלַחְתֶּם	הִשְׁתַּלַּחְתֶּם
שֻׁלַּחְתֶּן	הִשְׁלַחְתֶּן	הָשְׁלַחְתֶּן	הִשְׁתַּלַּחְתֶּן
שֻׁלַּחְנוּ	הִשְׁלַחְנוּ	הָשְׁלַחְנוּ	הִשְׁתַּלַּחְנוּ
	°הַשְׁלֵחַ		
°שֻׁלַּח	°הַשְׁלִיחַ	הָשְׁלַח	°הִשְׁתַּלַּח
	°הַשְׁלַח		°הִשְׁתַּלַּח
manque	הַשְׁלִיחִי	*manque*	הִשְׁתַּלְּחִי
	הַשְׁלִיחוּ		הִשְׁתַּלְּחוּ
	°הַשְׁלַחְנָה		°הִשְׁתַּלַּחְנָה
יְשֻׁלַּח	°יַשְׁלִיחַ	יָשְׁלַח	°יִשְׁתַּלַּח
תְּשֻׁלַּח	תַּשְׁלִיחַ	תָּשְׁלַח	תִּשְׁתַּלַּח
תְּשֻׁלַּח	תַּשְׁלִיחַ	תָּשְׁלַח	תִּשְׁתַּלַּח
תְּשֻׁלְּחִי	תַּשְׁלִיחִי	תָּשְׁלְחִי	תִּשְׁתַּלְּחִי
אֲשֻׁלַּח	אַשְׁלִיחַ	אָשְׁלַח	אֶשְׁתַּלַּח
יְשֻׁלְּחוּ	יַשְׁלִיחוּ	יָשְׁלְחוּ	יִשְׁתַּלְּחוּ
תְּשֻׁלַּחְנָה	°תַּשְׁלַחְנָה	תָּשְׁלַחְנָה	°תִּשְׁתַּלַּחְנָה
תְּשֻׁלְּחוּ	תַּשְׁלִיחוּ	תָּשְׁלְחוּ	תִּשְׁתַּלְּחוּ
תְּשֻׁלַּחְנָה	תַּשְׁלַחְנָה	תָּשְׁלַחְנָה	תִּשְׁתַּלַּחְנָה
נְשֻׁלַּח	נַשְׁלִיחַ	נָשְׁלַח	נִשְׁתַּלַּח
	°יַשְׁלַח		
	°מַשְׁלִיחַ		°מִשְׁתַּלֵּחַ
מְשֻׁלָּח		מָשְׁלָח	

	Qal	Nip^h^ʿal	Piʿēl	Puʿal	Hit^h^paʿēl
Parf. Sing. 3 m.	שָׁחַט	נִשְׁחַט	°בֵּרֵךְ	°בֹּרַךְ	°הִתְבָּרֵךְ
3 f.	°שָֽׁחֲטָה	°נִשְׁחֲטָה	בֵּרְכָה	בֹּרְכָה	הִתְבָּֽרְכָה
2 m.	שָׁחַטְתָּ	נִשְׁחַטְתָּ	בֵּרַכְתָּ	בֹּרַכְתָּ	הִתְבָּרַכְתָּ
2 f.	שָׁחַטְתְּ	נִשְׁחַטְתְּ	בֵּרַכְתְּ	בֹּרַכְתְּ	הִתְבָּרַכְתְּ
1 c.	שָׁחַטְתִּי	נִשְׁחַטְתִּי	בֵּרַכְתִּי	בֹּרַכְתִּי	הִתְבָּרַכְתִּי
Plur. 3 c.	°שָֽׁחֲטוּ	°נִשְׁחֲטוּ	בֵּרְכוּ	בֹּרְכוּ	הִתְבָּֽרְכוּ
2 m.	שְׁחַטְתֶּם	נִשְׁחַטְתֶּם	בֵּרַכְתֶּם	בֹּרַכְתֶּם	הִתְבָּרַכְתֶּם
2 f.	שְׁחַטְתֶּן	נִשְׁחַטְתֶּן	בֵּרַכְתֶּן	בֹּרַכְתֶּן	הִתְבָּרַכְתֶּן
1 c.	שָׁחַטְנוּ	נִשְׁחַטְנוּ	בֵּרַכְנוּ	בֹּרַכְנוּ	הִתְבָּרַכְנוּ
Infinit. absol.	שָׁחוֹט	נִשְׁחוֹט	°בָּרֵךְ		
const.	שְׁחֹט	הִשָּׁחֵט	בָּרֵךְ	בֹּרַךְ	°הִתְבָּרֵךְ
Impér. Sing. 2 m.	°שְׁחַט	הִשָּׁחֵט	בָּרֵךְ		°הִתְבָּרֵךְ
2 f.	°שַׁחֲטִי	הִשָּׁחֲטִי	°בָּרְכִי	*manque*	הִתְבָּרְכִי
Plur. 2 m.	שַׁחֲטוּ	הִשָּׁחֲטוּ	בָּרְכוּ		הִתְבָּרְכוּ
2 f.	שְׁחַטְנָה	°הִשָּׁחַטְנָה	בָּרֵכְנָה		הִתְבָּרֵכְנָה
Imparf. Sing. 3 m.	°יִשְׁחַט	יִשָּׁחֵט	°יְבָרֵךְ	°יְבֹרַךְ	°יִתְבָּרֵךְ
3 f.	תִּשְׁחַט	תִּשָּׁחֵט	תְּבָרֵךְ	תְּבֹרַךְ	תִּתְבָּרֵךְ
2 m.	תִּשְׁחַט	תִּשָּׁחֵט	תְּבָרֵךְ	תְּבֹרַךְ	תִּתְבָּרֵךְ
2 f.	°תִּשְׁחֲטִי	°תִּשָּׁחֲטִי	תְּבָרְכִי	תְּבֹרְכִי	תִּתְבָּרְכִי
1 c.	אֶשְׁחַט	אֶשָּׁחֵט	אֲבָרֵךְ	אֲבֹרַךְ	אֶתְבָּרֵךְ
Plur. 3 m.	יִשְׁחֲטוּ	יִשָּׁחֲטוּ	יְבָרְכוּ	יְבֹרְכוּ	יִתְבָּרְכוּ
3 f.	תִּשְׁחַטְנָה	תִּשָּׁחַטְנָה	תְּבָרֵכְנָה	°תְּבֹרַכְנָה	תִּתְבָּרֵכְנָה
2 m.	תִּשְׁחֲטוּ	תִּשָּׁחֲטוּ	תְּבָרְכוּ	תְּבֹרְכוּ	תִּתְבָּרְכוּ
2 f.	תִּשְׁחַטְנָה	תִּשָּׁחַטְנָה	תְּבָרֵכְנָה	תְּבֹרַכְנָה	תִּתְבָּרֵכְנָה
1 c.	נִשְׁחַט	נִשָּׁחֵט	נְבָרֵךְ	נְבֹרַךְ	נִתְבָּרֵךְ
Imparf. apocopé					
consécutif					
Partic. act.	שֹׁחֵט	נִשְׁחָט	°מְבָרֵךְ		מִתְבָּרֵךְ
pass.	שָׁחוּט			°מְבֹרָךְ	

Qal			Nipʰʿal	Hipʰʿil	Hopʰʿal
נָגַשׁ	נָגַע	נָתַן	°נִגַּשׁ	°הִגִּישׁ	°הֻגַּשׁ
נָֽגְשָׁה	comme	נָֽתְנָה	נִגְּשָׁה	הִגִּישָׁה	הֻגְּשָׁה
נָגַ֫שְׁתָּ	נָגַשׁ	°נָתַ֫תָּה	נִגַּ֫שְׁתָּ	הִגַּ֫שְׁתָּ	הֻגַּ֫שְׁתָּ
נָגַשְׁתְּ		נָתַתְּ	נִגַּשְׁתְּ	הִגַּשְׁתְּ	הֻגַּשְׁתְּ
נָגַ֫שְׁתִּי		נָתַ֫תִּי	נִגַּ֫שְׁתִּי	הִגַּ֫שְׁתִּי	הֻגַּ֫שְׁתִּי
נָֽגְשׁוּ		נָֽתְנוּ	נִגְּשׁוּ	הִגִּישׁוּ	הֻגְּשׁוּ
נְגַשְׁתֶּם		נְתַתֶּם	נִגַּשְׁתֶּם	הִגַּשְׁתֶּם	הֻגַּשְׁתֶּם
נְגַשְׁתֶּן		נְתַתֶּן	נִגַּשְׁתֶּן	הִגַּשְׁתֶּן	הֻגַּשְׁתֶּן
נָגַ֫שְׁנוּ		°נָתַ֫נּוּ	נִגַּ֫שְׁנוּ	הִגַּ֫שְׁנוּ	הֻגַּ֫שְׁנוּ
נָגוֹשׁ	נָגוֹעַ	נָתוֹן	°נִגֹּשׁ	הַגֵּשׁ	
°גֶּ֫שֶׁת	°גַּ֫עַת	°תֵּת	הִנָּגֵשׁ	הַגִּישׁ	הֻגַּשׁ
°גַּשׁ	°גַּע	°תֵּן	הִנָּגֵשׁ	הַגֵּשׁ	*manque*
גְּשִׁי	גְּעִי	תְּנִי	הִנָּֽגְשִׁי	הַגִּ֫ישִׁי	
גְּשׁוּ	גְּעוּ	תְּנוּ	הִנָּֽגְשׁוּ	הַגִּ֫ישׁוּ	
גֹּ֫שְׁנָה	גַּ֫עְנָה	°תֵּ֫נָּה	הִנָּגַ֫שְׁנָה	הַגֵּ֫שְׁנָה	
°יִגַּשׁ	°יִגַּע	°יִתֵּן	יִנָּגֵשׁ	יַגִּישׁ	יֻגַּשׁ
תִּגַּשׁ	תִּגַּע	תִּתֵּן	תִּנָּגֵשׁ	תַּגִּישׁ	תֻּגַּשׁ
תִּגַּשׁ	תִּגַּע	תִּתֵּן	תִּנָּגֵשׁ	תַּגִּישׁ	תֻּגַּשׁ
תִּגְּשִׁי	תִּגְּעִי	תִּתְּנִי	תִּנָּֽגְשִׁי	תַּגִּ֫ישִׁי	תֻּגְּשִׁי
אֶגַּשׁ	אֶגַּע	אֶתֵּן	אֶנָּגֵשׁ	אַגִּישׁ	אֻגַּשׁ
יִגְּשׁוּ	יִגְּעוּ	יִתְּנוּ	יִנָּֽגְשׁוּ	יַגִּ֫ישׁוּ	יֻגְּשׁוּ
תִּגַּ֫שְׁנָה	תִּגַּ֫עְנָה	תִּתֵּ֫נָּה	תִּנָּגַ֫שְׁנָה	תַּגֵּ֫שְׁנָה	תֻּגַּ֫שְׁנָה
תִּגְּשׁוּ	תִּגְּעוּ	תִּתְּנוּ	תִּנָּֽגְשׁוּ	תַּגִּ֫ישׁוּ	תֻּגְּשׁוּ
תִּגַּ֫שְׁנָה	תִּגַּ֫עְנָה	תִּתֵּ֫נָּה	תִּנָּגַ֫שְׁנָה	תַּגֵּ֫שְׁנָה	תֻּגַּ֫שְׁנָה
נִגַּשׁ	נִגַּע	נִתֵּן	נִנָּגֵשׁ	נַגִּישׁ	נֻגַּשׁ
				יַגֵּשׁ	
וַיִּ֫גַּשׁ	וַיִּ֫גַּע	°וַיִּ֫תֵּן		וַיַּ֫גֵּשׁ	
נֹגֵשׁ	נֹגֵעַ	נֹתֵן	°נִגָּשׁ	מַגִּישׁ	
נָגוּשׁ	נָגוּעַ	נָתוּן			מֻגָּשׁ

		Qal	Nip^h'al	Hip^h'īl
Parf.	Sing. 3 m.	סָבַב, °סַב	°נָסַב	°הֵסֵב
	3 f.	סֳבְבָה, °סַבָּה	°נָסַבָּה	°הֵסֵבָּה
	2 m.	°סַבּוֹתָ	°נְסַבּוֹתָ	°הֲסִבּוֹתָ
	2 f.	סַבּוֹת	נְסַבּוֹת	הֲסִבּוֹת
	1 c.	סַבּוֹתִי	נְסַבּוֹתִי	הֲסִבּוֹתִי
	Plur. 3 c.	סֳבְבוּ, סַבּוּ	נָסַבּוּ	הֵסֵבּוּ
	2 m.	סַבּוֹתֶם	°נְסַבּוֹתֶם	הֲסִבּוֹתֶם
	2 f.	סַבּוֹתֶן	נְסַבּוֹתֶן	הֲסִבּוֹתֶן
	1 c.	סַבּוֹנוּ	נְסַבּוֹנוּ	הֲסִבּוֹנוּ
Infinit.	absol.	סָבוֹב	°הִסּוֹב	
	const.	°סֹב	°הִסֵּב	°הָסֵב
Impér.	Sing. 2 m.	°סֹב	°הִסַּב	°הָסֵב
	2 f.	°סֹבִּי	°הִסַּבִּי	°הָסֵבִּי
	Plur. 2 m.	סֹבּוּ	הִסַּבּוּ	הָסֵבּוּ
	2 f.	°סֻבֶּינָה	°הִסַּבֶּינָה	°[הֲסִבֶּינָה]
Imparf.	Sing. 3 m.	°יִסֹּב °יָסֹב	°יִסַּב	°יָסֵב, °יַסֵּב
	3 f.	תִּסֹּב תָּסֹב	תִּסַּב	תָּסֵב
	2 m.	תִּסֹּב תָּסֹב	תִּסַּב	תָּסֵב
	2 f.	°תִּסְּבִי °תָּסֹבִּי	°תִּסַּבִּי	°תָּסֵבִּי
	1 c.	אֶסֹּב אָסֹב	אֶסַּב	אָסֵב
	Plur. 3 m.	יִסְּבוּ יָסֹבּוּ	יִסַּבּוּ	°יָסֵבּוּ, °יַסֵּבּוּ
	3 f.	°תִּסֹּבְנָה °תְּסֻבֶּינָה	°תִּסַּבֶּינָה	°תְּסִבֶּינָה
	2 m.	תִּסְּבוּ תָּסֹבּוּ	תִּסַּבּוּ	תָּסֵבּוּ
	2 f.	תִּסֹּבְנָה תְּסֻבֶּינָה	תִּסַּבֶּינָה	תְּסִבֶּינָה
	1 c.	נִסֹּב נָסֹב	נִסַּב	נָסֵב
Imparf.	consécut.	°וַיָּסָב		°וַיָּסֶב
Partic.	act.	סֹבֵב	°נָסָב	°מֵסֵב
	pass.	סָבוּב		

Hopʰʿal	Pôʿēl	Pôʿal	Hitʰpôʿēl	
°הוּסַב	°סוֹבֵב	°סוֹבַב	°הִסְתּוֹבֵב	**Piʿēl**
הוּסַבָּה	°סֽוֹבְבָה	°סֽוֹבְבָה	°הִסְתּֽוֹבְבָה	הִלֵּל
הֽוּסַבּוֹתָ	סוֹבַבְתָּ	סוֹבַבְתָּ	הִסְתּוֹבַבְתָּ	*etc.*
הֽוּסַבּוֹת	סוֹבַבְתְּ	סוֹבַבְתְּ	הִסְתּוֹבַבְתְּ	
הֽוּסַבּוֹתִי	סוֹבַבְתִּי	סוֹבַבְתִּי	הִסְתּוֹבַבְתִּי	**Puʿal**
הוּסַבּוּ	סֽוֹבְבוּ	סֽוֹבְבוּ	הִסְתּֽוֹבְבוּ	
הֽוּסַבּוֹתֶם	סֽוֹבַבְתֶּם	סֽוֹבַבְתֶּם	°הִסְתּֽוֹבַבְתֶּם	שֻׁדַּד
הֽוּסַבּוֹתֶן	סֽוֹבַבְתֶּן	סֽוֹבַבְתֶּן	הִסְתּֽוֹבַבְתֶּן	*etc.*
הֽוּסַבּוֹנוּ	סוֹבַבְנוּ	סוֹבַבְנוּ	הִסְתּוֹבַבְנוּ	
°הוּסַב	סוֹבֵב	סוֹבַב	הִסְתּוֹבֵב	**Hitʰpaʿēl**
	סוֹבֵב		הִסְתּוֹבֵב	
	סֽוֹבְבִי		הִסְתּֽוֹבְבִי	הִתְפַּלֵּל
manque	סֽוֹבְבוּ	*manque*	הִסְתּֽוֹבְבוּ	
	סוֹבֵבְנָה		הִסְתּוֹבֵבְנָה	—•—
°יוּסַב, °יִסַּב	יְסוֹבֵב	יְסוֹבַב	יִסְתּוֹבֵב	**Pilpēl**
תּוּסַב	תְּסוֹבֵב	תְּסוֹבַב	תִּסְתּוֹבֵב	
תּוּסַב	תְּסוֹבֵב	תְּסוֹבַב	תִּסְתּוֹבֵב	גִּלְגֵּל
°תּוּסַבִּי	°תְּסֽוֹבְבִי	°תְּסֽוֹבְבִי	°תִּסְתּֽוֹבְבִי	**Pulpal**
אוּסַב	אֲסוֹבֵב	אֲסוֹבַב	אֶסְתּוֹבֵב	
יוּסַבּוּ	יְסֽוֹבְבוּ	יְסֽוֹבְבוּ	יִסְתּֽוֹבְבוּ	?
°תּֽוּסַבֶּינָה	תְּסוֹבֵבְנָה	תְּסוֹבַבְנָה	°תִּסְתּוֹבֵבְנָה	
תּוּסַבּוּ	תְּסֽוֹבְבוּ	תְּסֽוֹבְבוּ	תִּסְתּֽוֹבְבוּ	**Hitʰpalpēl**
תּֽוּסַבֶּינָה	תְּסוֹבֵבְנָה	תְּסוֹבַבְנָה	תִּסְתּוֹבֵבְנָה	הִתְגַּלְגֵּל
נוּסַב	נְסוֹבֵב	נְסוֹבַב	נִסְתּוֹבֵב	
	מְסוֹבֵב		מִסְתּוֹבֵב	
°מוּסָב		מְסוֹבָב		

		Qal פ״י = פ״ו		Nip^h^ʿal
Parf.	Sing. 3 m.	יָשַׁב		°נוֹשַׁב
	3 f.	יָשְׁבָה		נוֹשְׁבָה
	2 m.	יָשַׁבְתָּ		נוֹשַׁבְתָּ
	2 f.	יָשַׁבְתְּ		נוֹשַׁבְתְּ
	1 c.	יָשַׁבְתִּי		נוֹשַׁבְתִּי
	Plur. 3 c.	יָשְׁבוּ		נוֹשְׁבוּ
	2 m.	יְשַׁבְתֶּם		נוֹשַׁבְתֶּם
	2 f.	יְשַׁבְתֶּן		נוֹשַׁבְתֶּן
	1 c.	יָשַׁבְנוּ		נוֹשַׁבְנוּ
Infinit.	absol.	יָשׁוֹב		
	const.	°שֶׁבֶת, דַּעַת	יְסֹד	°הִוָּשֵׁב
Impér.	Sing. 2 m.	°שֵׁב, דַּע	°יְרַשׁ	°הִוָּשֵׁב
	2 f.	שְׁבִי	יְרְשִׁי	הִוָּשְׁבִי
	Plur. 2 m.	שְׁבוּ	יְרְשׁוּ	הִוָּשְׁבוּ
	2 f.	שֵׁבְנָה	יְרַשְׁנָה	הִוָּשַׁבְנָה
Imparf.	Sing. 3 m.	°יֵשֵׁב	°יִירַשׁ	°יִוָּשֵׁב
	3 f.	תֵּשֵׁב	תִּירַשׁ	תִּוָּשֵׁב
	2 m.	תֵּשֵׁב	תִּירַשׁ	תִּוָּשֵׁב
	2 f.	תֵּשְׁבִי	תִּירְשִׁי	תִּוָּשְׁבִי
	1 c.	אֵשֵׁב	אִירַשׁ	°אִוָּשֵׁב
	Plur. 3 m.	יֵשְׁבוּ	יִירְשׁוּ	יִוָּשְׁבוּ
	3 f.	תֵּשַׁבְנָה	תִּירַשְׁנָה	תִּוָּשַׁבְנָה
	2 m.	תֵּשְׁבוּ	תִּירְשׁוּ	תִּוָּשְׁבוּ
	2 f.	תֵּשַׁבְנָה	תִּירַשְׁנָה	תִּוָּשַׁבְנָה
	1 c.	נֵשֵׁב	נִירַשׁ	נִוָּשֵׁב
Imparf.	apocopé			
	consécutif	°וַיֵּשֶׁב	וַיִּירַשׁ	
Partic.	act.	יוֹשֵׁב		°נוֹשָׁב
	pass.	יָשׁוּב		

Hip*h*ʿîl	Hop*h*ʿal	Hip*h*ʿîl פ״י primit.	Qal ע״י
°הוֹשִׁיב	°הוּשַׁב	°הֵיטִיב	°בָּן ,[°בִּין]
הוֹשִׁיבָה	הוּשְׁבָה	הֵיטִיבָה	°בָּנָה
הוֹשַׁבְתָּ	הוּשַׁבְתָּ	הֵיטַבְתָּ	בַּנְתָּ ,°רִיבוֹתָ
הוֹשַׁבְתְּ	הוּשַׁבְתְּ	הֵיטַבְתְּ	בַּנְתְּ
הוֹשַׁבְתִּי	הוּשַׁבְתִּי	הֵיטַבְתִּי	°בַּנְתִּי ,°בִּינֹתִי
הוֹשִׁיבוּ	הוּשְׁבוּ	הֵיטִיבוּ	בָּנוּ
הוֹשַׁבְתֶּם	הוּשַׁבְתֶּם	הֵיטַבְתֶּם	בַּנְתֶּם
הוֹשַׁבְתֶּן	הוּשַׁבְתֶּן	הֵיטַבְתֶּן	בַּנְתֶּן
הוֹשַׁבְנוּ	הוּשַׁבְנוּ	הֵיטַבְנוּ	בַּנּוּ
°הוֹשֵׁב		°הֵיטֵב	°בֹּן
הוֹשִׁיב	°הוּשַׁב	°הֵיטִיב	°בִּין
°הוֹשֵׁב		°הֵיטֵב	°בִּין
הוֹשִׁיבִי	*manque*	הֵיטִיבִי	בִּינִי
הוֹשִׁיבוּ		הֵיטִיבוּ	בִּינוּ
הוֹשֵׁבְנָה		הֵיטֵבְנָה	——
°יוֹשִׁיב	°יוּשַׁב	°יֵיטִיב	°יָבִין
תּוֹשִׁיב	תּוּשַׁב	תֵּיטִיב	תָּבִין
תּוֹשִׁיב	תּוּשַׁב	תֵּיטִיב	תָּבִין
תּוֹשִׁיבִי	תּוּשְׁבִי	תֵּיטִיבִי	°תָּבִינִי
אוֹשִׁיב	אוּשַׁב	אֵיטִיב	אָבִין
יוֹשִׁיבוּ	יוּשְׁבוּ	יֵיטִיבוּ	יָבִינוּ
תּוֹשֵׁבְנָה	תּוּשַׁבְנָה	תֵּיטֵבְנָה	°תְּבִינֶינָה
תּוֹשִׁיבוּ	תּוּשְׁבוּ	תֵּיטִיבוּ	תָּבִינוּ
תּוֹשֵׁבְנָה	תּוּשַׁבְנָה	תֵּיטֵבְנָה	תְּבִינֶינָה
נוֹשִׁיב	נוּשַׁב	נֵיטִיב	נָבִין
°יוֹשֵׁב		°יֵיטֵב	°יָבֵן
°וַיּוֹשֶׁב		°וַיֵּיטֶב	°וַיָּבֶן
°מוֹשִׁיב		°מֵיטִיב	°בָּן
	°מוּשָׁב		°בּוּן

	Qal transitif	Qal intransitif		Nip^h'al
Parf. S. 3 m.	קָם°	מֵת°	בּוֹשׁ°	נָקוֹם°
3 f.	קָ֫מָה°	מֵ֫תָה°	בּ֫וֹשָׁה°	נָק֫וֹמָה°
2 m.	קַ֫מְתָּ°	מַ֫תָּה°	בֹּ֫שְׁתָּ°	נְקוּמ֫וֹתָ°
2 f.	קַמְתְּ	מַתְּ	בֹּשְׁתְּ	נְקוּמוֹת
1 c.	קַ֫מְתִּי	מַ֫תִּי	בֹּ֫שְׁתִּי	נְקוּמ֫וֹתִי
Pl. 3 c.	קָ֫מוּ	מֵ֫תוּ	בֹּ֫שׁוּ	נָק֫וֹמוּ
2 m.	קַמְתֶּם	מַתֶּם	בָּשְׁתֶּם°	נְקוּמוֹתֶם
2 f.	קַמְתֶּן	מַתֶּן	בָּשְׁתֶּן	נְקוּמוֹתֶן
1 c.	קַ֫מְנוּ	מַ֫תְנוּ	בֹּ֫שְׁנוּ	נְקוּמ֫וֹנוּ
Infinit. absol.	קוֹם°	מוֹת°	בּוֹשׁ°	נָקוֹם°
const.	קוּם°	מוּת°		הִקּוֹם°
Impér. S. 2 m.	קוּם°	מוּת°	בּוֹשׁ°	הִקּוֹם°
2 f.	ק֫וּמִי°	מ֫וּתִי°	בּ֫וֹשִׁי°	הִקּ֫וֹמִי°
Pl. 2 m.	ק֫וּמוּ	מ֫וּתוּ	בּ֫וֹשׁוּ	הִקּ֫וֹמוּ
2 f.	קֹ֫מְנָה°	—	—	הִקֹּ֫מְנָה°
Imp. S. 3 m.	יָקוּם°	יָמוּת°	יֵבוֹשׁ°	יִקּוֹם°
3 f.	תָּקוּם	תָּמוּת	תֵּבוֹשׁ	תִּקּוֹם
2 m.	תָּקוּם	תָּמוּת	תֵּבוֹשׁ	תִּקּוֹם
2 f.	תָּק֫וּמִי°	תָּמ֫וּתִי°	תֵּב֫וֹשִׁי°	תִּקּ֫וֹמִי°
1 c.	אָקוּם	אָמוּת	אֵבוֹשׁ	אֶקּוֹם
Pl. 3 m.	יָק֫וּמוּ	יָמ֫וּתוּ	יֵב֫וֹשׁוּ	יִקּ֫וֹמוּ
3 f.	תְּקוּמֶ֫ינָה°	תְּמוּתֶ֫נָה°	—	תִּקֹּ֫מְנָה°
2 m.	תָּק֫וּמוּ	תָּמ֫וּתוּ	תֵּב֫וֹשׁוּ	תִּקּ֫וֹמוּ
2 f.	תְּקוּמֶ֫ינָה	תְּמוּתֶ֫נָה	—	תִּקֹּ֫מְנָה
1 c.	נָקוּם	נָמוּת	נֵבוֹשׁ	נִקּוֹם
Imp. apoc.	יָקֹם°	יָמֹת°		
conséc.	וַיָּ֫קָם°, וַיָּקֹם°	וַיָּ֫מָת°, וַיָּמֹת°		
Part. act.	קָם°	מֵת°	בּוֹשׁ°	נָקוֹם°
pass.	קוּם°			

Hipʰʿîl	Hopʰʿal	Pôʿlēl	Pôʿlal
°הֵקִים	°הוּקַם	°קוֹמֵם	°קוֹמַם
°הֵקִ֫ימָה	הוּקְמָה	°קוֹמְמָה	°קוֹמְמָה
°הֲקִימ֫וֹתָ	הוּקַ֫מְתָּ	קוֹמַ֫מְתָּ	קוֹמַ֫מְתָּ
הֲקִימוֹת	הוּקַמְתְּ	קוֹמַמְתְּ	קוֹמַמְתְּ
הֲקִימ֫וֹתִי	הוּקַ֫מְתִּי	קוֹמַ֫מְתִּי	קוֹמַ֫מְתִּי
הֵקִ֫ימוּ	הוּקְמוּ	קוֹמְמוּ	קוֹמְמוּ
הֲקִימוֹתֶם	הוּקַמְתֶּם	קוֹמַמְתֶּם	קוֹמַמְתֶּם
הֲקִימוֹתֶן	הוּקַמְתֶּן	קוֹמַמְתֶּן	קוֹמַמְתֶּן
הֲקִימ֫וֹנוּ	הוּקַ֫מְנוּ	קוֹמַ֫מְנוּ	קוֹמַ֫מְנוּ
°הָקֵם			
°הָקִים	°הוּקַם	קוֹמֵם	קוֹמַם
°הָקֵם	*manque*	קוֹמֵם	*manque*
°הָקִ֫ימִי		קוֹמְמִי	
הָקִ֫ימוּ		קוֹמְמוּ	
°הָקֵ֫מְנָה		קוֹמֵ֫מְנָה	
°יָקִים	°יוּקַם	יְקוֹמֵם	יְקוֹמַם
תָּקִים	תּוּקַם	תְּקוֹמֵם	תְּקוֹמַם
תָּקִים	תּוּקַם	תְּקוֹמֵם	תְּקוֹמַם
°תָּקִ֫ימִי	תּוּקְמִי	תְּקוֹמְמִי	תְּקוֹמְמִי
אָקִים	אוּקַם	אֲקוֹמֵם	אֲקוֹמַם
יָקִ֫ימוּ	יוּקְמוּ	יְקוֹמְמוּ	יְקוֹמְמוּ
°תָּקֵ֫מְנָה	תּוּקַ֫מְנָה	תְּקוֹמֵ֫מְנָה	תְּקוֹמַ֫מְנָה
תָּקִ֫ימוּ	תּוּקְמוּ	תְּקוֹמְמוּ	תְּקוֹמְמוּ
תָּקֵ֫מְנָה	תּוּקַ֫מְנָה	תְּקוֹמֵ֫מְנָה	תְּקוֹמַ֫מְנָה
נָקִים	נוּקַם	נְקוֹמֵם	נְקוֹמַם
°יָקֵם			
°וַיָּ֫קֶם			
°מֵקִים		מְקוֹמֵם	
	°מוּקָם		מְקוֹמָם

Piʿēl
°קִיֵּם
Puʿal
?
Hitʰpaʿēl
°הִתְקַיֵּם
Pilpēl
°כִּלְכֵּל

		Qal	Niph'al	Pi'ēl
Parf.	Sing. 3 m.	מָצָא°	נִמְצָא°	מִצֵּא
	3 f.	מָֽצְאָה	נִמְצְאָה	מִצְּאָה
	2 m.	מָצָ֫אתָ°	נִמְצֵ֫אתָ°	מִצֵּ֫אתָ°
	2 f.	מָצָאת	נִמְצֵאת	מִצֵּאת
	1 c.	מָצָ֫אתִי	נִמְצֵ֫אתִי	מִצֵּ֫אתִי
	Plur. 3 c.	מָֽצְאוּ	נִמְצְאוּ	מִצְּאוּ
	2 m.	מְצָאתֶם	נִמְצֵאתֶם	מִצֵּאתֶם
	2 f.	מְצָאתֶן	נִמְצֵאתֶן	מִצֵּאתֶן
	1 c.	מָצָ֫אנוּ	נִמְצֵ֫אנוּ	מִצֵּ֫אנוּ
Infinit.	absol.	מָצוֹא	נִמְצֹא	מַצֹּא
	const.	מְצֹא	הִמָּצֵא	מַצֵּא
Impér.	Sing. 2 m.	מְצָא°	הִמָּצֵא	מַצֵּא
	2 f.	מִצְאִי	הִמָּֽצְאִי	מַצְּאִי
	Plur. 2 m.	מִצְאוּ	הִמָּֽצְאוּ	מַצְּאוּ
	2 f.	מְצֶ֫אנָה°	הִמָּצֶ֫אנָה°	מַצֶּ֫אנָה°
Imparf.	Sing. 3 m.	יִמְצָא°	יִמָּצֵא	יְמַצֵּא
	3 f.	תִּמְצָא	תִּמָּצֵא	תְּמַצֵּא
	2 m.	תִּמְצָא	תִּמָּצֵא	תְּמַצֵּא
	2 f.	תִּמְצְאִי	תִּמָּֽצְאִי	תְּמַצְּאִי
	1 c.	אֶמְצָא	אֶמָּצֵא	אֲמַצֵּא
	Plur. 3 m.	יִמְצְאוּ	יִמָּֽצְאוּ	יְמַצְּאוּ
	3 f.	תִּמְצֶ֫אנָה°	תִּמָּצֶ֫אנָה°	תְּמַצֶּ֫אנָה°
	2 m.	תִּמְצְאוּ	תִּמָּֽצְאוּ	תְּמַצְּאוּ
	2 f.	תִּמְצֶ֫אנָה	תִּמָּצֶ֫אנָה	תְּמַצֶּ֫אנָה
	1 c.	נִמְצָא	נִמָּצֵא	נְמַצֵּא
Imparf.	apocopé.			
Partic.	act.	מֹצֵא	נִמְצָא	מְמַצֵּא
	pass.	מָצוּא		

Puʿal	Hipʰʿīl	Hopʰʿal	Hitʰpaʿēl
°מֻצָּא	הִמְצִיא	°הֻמְצָא	הִתְמַצֵּא
מֻצְּאָה	הִמְצִיאָה	הֻמְצְאָה	הִתְמַצְּאָה
°מֻצֵּאתָ	°הִמְצֵאתָ	°הֻמְצֵאתָ	°הִתְמַצֵּאתָ
מֻצֵּאת	הִמְצֵאת	הֻמְצֵאת	הִתְמַצֵּאת
מֻצֵּאתִי	הִמְצֵאתִי	הֻמְצֵאתִי	הִתְמַצֵּאתִי
מֻצְּאוּ	הִמְצִיאוּ	הֻמְצְאוּ	הִתְמַצְּאוּ
מֻצֵּאתֶם	°הִמְצֵאתֶם	הֻמְצֵאתֶם	הִתְמַצֵּאתֶם
מֻצֵּאתֶן	הִמְצֵאתֶן	הֻמְצֵאתֶן	הִתְמַצֵּאתֶן
מֻצֵּאנוּ	הִמְצֵאנוּ	הֻמְצֵאנוּ	הִתְמַצֵּאנוּ
manque	הַמְצֵא הַמְצִיא	*manque*	הִתְמַצֵּא
manque	הַמְצֵא הַמְצִיאִי הַמְצִיאוּ °הַמְצֶאנָה	*manque*	הִתְמַצֵּא הִתְמַצְּאִי הִתְמַצְּאוּ °הִתְמַצֶּאנָה
°יְמֻצָּא	יַמְצִיא	°יֻמְצָא	יִתְמַצֵּא
תְּמֻצָּא	תַּמְצִיא	תֻּמְצָא	תִּתְמַצֵּא
תְּמֻצָּא	תַּמְצִיא	תֻּמְצָא	תִּתְמַצֵּא
תְּמֻצְּאִי	תַּמְצִיאִי	תֻּמְצְאִי	תִּתְמַצְּאִי
אֲמֻצָּא	אַמְצִיא	אֻמְצָא	אֶתְמַצֵּא
יְמֻצְּאוּ	יַמְצִיאוּ	יֻמְצְאוּ	יִתְמַצְּאוּ
°תְּמֻצֶּאנָה	°תַּמְצֶאנָה	°תֻּמְצֶאנָה	°תִּתְמַצֶּאנָה
תְּמֻצְּאוּ	תַּמְצִיאוּ	תֻּמְצְאוּ	תִּתְמַצְּאוּ
תְּמֻצֶּאנָה	תַּמְצֶאנָה	תֻּמְצֶאנָה	תִּתְמַצֶּאנָה
נְמֻצָּא	נַמְצִיא	נֻמְצָא	נִתְמַצֵּא
	יַמְצֵא		
	מַמְצִיא		מִתְמַצֵּא
מְמֻצָּא		מֻמְצָא	

		Qal	Nip^h'al	Pi'ēl
Parf.	Sing. 3 m.	°גָּלָה	°נִגְלָה	°גִּלָּה
	3 f.	°גָּלְתָה	°נִגְלְתָה	°גִּלְּתָה
	2 m.	°גָּלִיתָ	°נִגְלֵיתָ (—ִיתָ)	°גִּלֵּיתָ (—ִיתָ)
	2 f.	גָּלִית	נִגְלֵית	גִּלִּית
	1 c.	גָּלִיתִי	נִגְלֵיתִי	גִּלֵּיתִי
	Plur. 3 c.	°גָּלוּ	°נִגְלוּ	°גִּלּוּ
	2 m.	גְּלִיתֶם	נִגְלֵיתֶם	גִּלִּיתֶם
	2 f.	גְּלִיתֶן	נִגְלֵיתֶן	גִּלִּיתֶן
	1 c.	גָּלִינוּ	נִגְלֵינוּ	גִּלִּינוּ
Infinit.	absol.	גָּלֹה (גָּלוֹ)	נִגְלֹה	גַּלֵּה
	const.	°גְּלוֹת	°הִגָּלוֹת	°גַּלּוֹת
Impér.	Sing. 2 m.	°גְּלֵה	°הִגָּלֵה	°גַּלֵּה
	2 f.	°גְּלִי	°הִגָּלִי	°גַּלִּי
	Plur. 2 m.	גְּלוּ	הִגָּלוּ	גַּלּוּ
	2 f.	°גְּלֶינָה	°הִגָּלֶינָה	°גַּלֶּינָה
Imparf.	Sing. 3 m.	°יִגְלֶה	°יִגָּלֶה	°יְגַלֶּה
	3 f.	תִּגְלֶה	°תִּגָּלֶה	תְּגַלֶּה
	2 m.	תִּגְלֶה	תִּגָּלֶה	תְּגַלֶּה
	2 f.	°תִּגְלִי	°תִּגָּלִי	°תְּגַלִּי
	1 c.	אֶגְלֶה	אֶגָּלֶה	אֲגַלֶּה
	Plur. 3 m.	יִגְלוּ	יִגָּלוּ	יְגַלּוּ
	3 f.	°תִּגְלֶינָה	°תִּגָּלֶינָה	°תְּגַלֶּינָה
	2 m.	תִּגְלוּ	תִּגָּלוּ	תְּגַלּוּ
	2 f.	תִּגְלֶינָה	תִּגָּלֶינָה	תְּגַלֶּינָה
	1 c.	נִגְלֶה	נִגָּלֶה	נְגַלֶּה
Imparf.	apocopé	°יִגֶל	°יִגָּל	°יְגַל
Partic.	act.	°גֹּלֶה	°נִגְלֶה	°מְגַלֶּה
	pass.	°גָּלוּי		

Pu'al	Hip^h'īl	Hop^h'al	Hit^hpa'ēl
°גֻּלָּה	°הִגְלָה	°הָגְלָה	°הִתְגַּלָּה
°גֻּלְּתָה	°הִגְלְתָה	°הָגְלְתָה	°הִתְגַּלְּתָה
°גֻּלֵּיתָ	°הִגְלֵיתָ (־ִיתָ)	°הָגְלֵיתָ	°הִתְגַּלֵּיתָ
גֻּלֵּית	הִגְלֵית	הָגְלֵית	הִתְגַּלֵּית
גֻּלֵּיתִי	הִגְלֵיתִי	הָגְלֵיתִי	הִתְגַּלֵּיתִי
°גֻּלּוּ	°הִגְלוּ	°הָגְלוּ	הִתְגַּלּוּ
גֻּלֵּיתֶם	הִגְלֵיתֶם	הָגְלֵיתֶם	הִתְגַּלֵּיתֶם
גֻּלֵּיתֶן	הִגְלֵיתֶן	הָגְלֵיתֶן	הִתְגַּלֵּיתֶן
גֻּלֵּינוּ	הִגְלֵינוּ	הָגְלֵינוּ	הִתְגַּלֵּינוּ
גֻּלֹּה	הַגְלֵה	הָגְלֵה	הִתְגַּלֹּה
°גֻּלּוֹת	°הַגְלוֹת	°הָגְלוֹת	°הִתְגַּלּוֹת
manque	°הַגְלֵה	*manque*	°הִתְגַּלֵּה
	°הַגְלִי		°הִתְגַּלִּי
	הַגְלוּ		הִתְגַּלּוּ
	°הַגְלֶינָה		°הִתְגַּלֶּינָה
°יְגֻלֶּה	°יַגְלֶה	°יָגְלֶה	°יִתְגַּלֶּה
תְּגֻלֶּה	תַּגְלֶה	תָּגְלֶה	תִּתְגַּלֶּה
תְּגֻלֶּה	תַּגְלֶה	תָּגְלֶה	תִּתְגַּלֶּה
°תְּגֻלִּי	°תַּגְלִי	°תָּגְלִי	°תִּתְגַּלִּי
אֲגֻלֶּה	°אַגְלֶה	אָגְלֶה	אֶתְגַּלֶּה
יְגֻלּוּ	יַגְלוּ	יָגְלוּ	יִתְגַּלּוּ
°תְּגֻלֶּינָה	°תַּגְלֶינָה	°תָּגְלֶינָה	°תִּתְגַּלֶּינָה
תְּגֻלּוּ	תַּגְלוּ	תָּגְלוּ	תִּתְגַּלּוּ
תְּגֻלֶּינָה	תַּגְלֶינָה	תָּגְלֶינָה	תִּתְגַּלֶּינָה
נְגֻלֶּה	נַגְלֶה	נָגְלֶה	נִתְגַּלֶּה
	°יֶגֶל		°יִתְגַּל
	°מַגְלֶה		מִתְגַּלֶּה
°מְגֻלֶּה		°מָגְלֶה	

		1re pers. s.	2e pers. s. m.	2e pers. s. f.	3e pers. s. m.
PARF. *Qal*	3 s. m.	קְטָלַנִי	קְטָלְךָ	קְטָלֵךְ	קְטָלָהוּ (לוֹ)
	3 s. f.	קְטָלַתְנִי	קְטָלַתְךָ	קְטָלָתֶךְ	קְטָלַתְהוּ (לַתּוּ)
	2 s. m.	קְטַלְתַּנִי			קְטַלְתָּהוּ (לְתוֹ)
	2 s. f.	קְטַלְתִּינִי			קְטַלְתִּיהוּ (לְתִיו)
	1 s. c.		קְטַלְתִּיךָ	קְטַלְתִּיךְ	קְטַלְתִּיהוּ (לְתִּיו)
	3 p. c.	קְטָלוּנִי	קְטָלוּךָ	קְטָלוּךְ	קְטָלוּהוּ
	2 p. c.	קְטַלְתּוּנִי			קְטַלְתּוּהוּ
	1 p. c.		קְטַלְנוּךָ	קְטַלְנוּךְ	קְטַלְנוּהוּ
Qal intr.	3 s. m.	אֲהֵבַנִי	אֲהֵבְךָ	אֲהֵבֵךְ	אֲהֵבָהוּ (בוֹ)
Pi'ēl	3 s. m.	קִטְּלַנִי	קִטֶּלְךָ	קִטְּלֵךְ	קִטְּלָהוּ
	3 s. f.	קִטְּלַתְנִי	קִטְּלַתְךָ	קִטְּלָתֶךְ	קִטְּלַתְהוּ
Hip̄ʰ'īl	3 s. m.	הִקְטִילַנִי	הִקְטִילְךָ	הִקְטִילֵךְ	הִקְטִילָהוּ
	3 s. f.	הִקְטִילַתְנִי	הִקְטִילַתְךָ	הִקְטִילָתֶךְ	הִקְטִילַתְהוּ
Verb. לה	3 s. m.	גָּלַנִי	גָּלְךָ	גָּלֵךְ	גָּלָהוּ
	3 s. f.	גָּלַתְנִי	גָּלַתְךָ	גָּלָתֶךְ	גָּלַתְהוּ
	2 s. m.	גְּלִיתַנִי			גְּלִיתָהוּ
INFIN. *Qal*		קָטְלִי קָטְלֵנִי	קָטְלְךָ קְטָלְךָ	קָטְלֵךְ	קָטְלוֹ
Verb. פן (פי)		גִּשְׁתִּי	גִּשְׁתְּךָ	גִּשְׁתֵּךְ	גִּשְׁתּוֹ
Verb. לה		גְּלוֹתֵנִי	גְּלוֹתְךָ	גְּלוֹתֵךְ	גְּלוֹתוֹ
IMPARF. *Qal*	3 s. m.	יִקְטְלֵנִי יִקְטְלֶנִּי	יִקְטָלְךָ יִקְטְלֶךָּ	יִקְטְלֵךְ	יִקְטְלֵהוּ (לוֹ) יִקְטְלֶנּוּ (לֶנְהוּ)
	2 s. f.	תִּקְטְלִינִי			תִּקְטְלִיהוּ
	3 p. m.	יִקְטְלוּנִי	יִקְטְלוּךָ	יִקְטְלוּךְ	יִקְטְלוּהוּ
Qal intr.	3 s. m.	יִלְבָּשֵׁנִי	יִלְבָּשְׁךָ	יִלְבָּשֵׁךְ	יִלְבָּשֵׁהוּ (שׁוֹ)
Pi'ēl	3 s. m.	יְקַטְּלֵנִי	יְקַטֶּלְךָ	יְקַטְּלֵךְ	יְקַטְּלֵהוּ
Hip̄ʰ'īl	3 s. m.	יַקְטִילֵנִי	יַקְטִילְךָ	יַקְטִילֵךְ	יַקְטִילֵהוּ
Verb. לה	3 s. m.	יִגְלֵנִי יִגְלֶנִּי	יִגְלְךָ יִגְלֶךָּ	יִגְלֵךְ	יִגְלֵהוּ יִגְלֶנּוּ
IMPÉRAT.	2 s. m.	קָטְלֵנִי			קָטְלֵהוּ (לוֹ)
Verb. פן	2 s. m.	גְּשֵׁנִי			גְּשֵׁהוּ (גְּשׁוֹ)

3e pers. s. f.	1re pers. p.	2e pers.p.m.	2e pers.p.f.	3e pers. p. m.	3e pers.p.f.
קְטָלַ֫תְהָ	קְטָלָ֫נוּ	קְטַלְכֶם	קְטַלְכֶן	קְטָלָם (לָ֫מוֹ)	קְטָלָן
קְטָלַ֫תָּה	קְטָלַ֫תְנוּ	קְטַלַתְכֶם	קְטַלַתְכֶן	קְטָלַתַם	קְטָלַתַן
קְטַלְתָּה	קְטַלְתָּ֫נוּ			קְטַלְתָּם	קְטַלְתָּן
קְטַלְתִּ֫יהָ	קְטַלְתִּ֫ינוּ			קְטַלְתִּים	קְטַלְתִּין
קְטַלְתִּ֫יהָ		קְטַלְתִּיכֶם	קְטַלְתִּיכֶן	קְטַלְתִּים	קְטַלְתִּין
קְטָלוּהָ	קְטָלוּנוּ	קְטָלוּכֶם	קְטָלוּכֶן	קְטָלוּם	קְטָלוּן
קְטַלְתּ֫וּהָ	קְטַלְתּ֫וּנוּ			קְטַלְתּוּם	קְטַלְתּוּן
קְטַלְנ֫וּהָ		קְטַלְנוּכֶם	קְטַלְנוּכֶן	קְטַלְנוּם	קְטַלְנוּן
אֲהֵבָ֫הּ	אֲהֵבָ֫נוּ			אֲהֵבָם (בָּ֫מוֹ)	אֲהֵבָן
קִטְּלָ֫הּ	קִטְּלָ֫נוּ			קִטְּלָם	קִטְּלָן
קִטְּלַ֫תָּה	קִטְּלַ֫תְנוּ			קִטְּלַתַם	קִטְּלַתַן
הִקְטִילָ֫הּ	הִקְטִילָ֫נוּ			הִקְטִילָם	הִקְטִילָן
הִקְטִילַ֫תָּה	הִקְטִילַ֫תְנוּ			הִקְטִילַתַם	הִקְטִילַתַן
גָּלָ֫הּ	גָּלָ֫נוּ			גָּלָם	גָּלָן
גָּלַ֫תָּה	גָּלַ֫תְנוּ			גָּלַתַם	גָּלַתַן
גָּלִיתָ֫הּ	גָּלִיתָ֫נוּ			גָּלִיתַם	גָּלִיתַן
קְטָלַ֫הּ	קְטָלֵ֫נוּ	קְטַלְכֶם / קְטָלְכֶם	קְטַלְכֶן / קְטָלְכֶן	קְטָלָם	קְטָלָן
גְּשָׁתָ֫הּ	גְּשָׁתֵ֫נוּ	גְּשַׁתְכֶם	גְּשַׁתְכֶן	גְּשָׁתָם	גְּשָׁתָן
גְּלוֹתָ֫הּ	גְּלוֹתֵ֫נוּ	גְּלוֹתְכֶם	גְּלוֹתְכֶן	גְּלוֹתָם	גְּלוֹתָן
יִקְטְלָ֫הּ (לָהּ)	יִקְטְלֵ֫נוּ	יִקְטָלְכֶם	יִקְטָלְכֶן	יִקְטָלֵם (לָ֫מוֹ)	יִקְטָלֵן
יִקְטְלֶ֫נָּה	יִקְטְלֶ֫נּוּ				
תִּקְטְלִ֫יהָ	תִּקְטְלִ֫ינוּ			תִּקְטְלִים	תִּקְטְלִין
יִקְטְל֫וּהָ	יִקְטְל֫וּנוּ	יִקְטְלוּכֶם	יִקְטְלוּכֶן	יִקְטְלוּם	יִקְטְלוּן
יִלְבָּשֵׁ֫הָ (שָׁהּ)	יִלְבָּשֵׁ֫נוּ	יִלְבָּשְׁכֶם	יִלְבָּשְׁכֶן	יִלְבָּשֵׁם (שֵׁ֫מוֹ)	יִלְבָּשֵׁן
יְקַטְּלֶ֫הָ	יְקַטְּלֵ֫נוּ	יְקַטֶּלְכֶם	יְקַטֶּלְכֶן	יְקַטְּלֵם	יְקַטְּלֵן
יַקְטִילֶ֫הָ	יַקְטִילֵ֫נוּ			יַקְטִילֵם	יַקְטִילֵן
יִגְלֶ֫הָ (לָהּ)	יִגְלֵ֫נוּ			יִגְלֵם	יִגְלֵן
יִגְלֶ֫נָּה	יִגְלֶ֫נּוּ				
קָטְלָ֫הּ	קָטְלֵ֫נוּ			קָטְלֵם	קָטְלֵן
גְּשָׁ֫הּ (גְשָׁהּ)	גְּשֵׁ֫נוּ			גְּשֵׁם	גְּשֵׁן

XVIII. — FORMES LES PLUS

28* PREMIÈRE FLEXION		DEUXIÈME FLEXION	TROISIÈME	
			2ᵉ permutable	
	Impermutable	1ʳ permutable	A. — Voyelle permutable ā	
Masc. Sing. Ét. abs.	°קְטוֹל [1]	°קָטוֹל [3]	°קוֹטָל [5]	°נִקְטָל
constr.	קְטוֹל	°קְטוֹל	°קוֹטַל	°נִקְטַל
Suff. légers	קְטוֹלִי	קְטוֹלִי	°קוֹטָלִי	°[נִקְטָלִי]
graves	קְטוֹלְכֶם	קְטוֹלְכֶם	°קוֹטַלְכֶם	°נִקְטַלְכֶם
Plur. Ét. abs.	קְטוֹלִים	קְטוֹלִים [4]	קוֹטָלִים [6]	°נִקְטָלִים
constr	קְטוֹלֵי	קְטוֹלֵי	°קוֹטְלֵי	נִקְטְלֵי
Suff. légers	קְטוֹלַי	קְטוֹלַי	קוֹטְלַי	נִקְטָלַי
graves	קְטוֹלֵיכֶם	קְטוֹלֵיכֶם	קוֹטְלֵיכֶם	נִקְטְלֵיכֶם
Fém. en ת. Ét. abs.	קְטוֹ֫לֶת [2]	קְטוֹ֫לֶת	°קוֹטֶ֫לֶת [7]	°נִקְטֶ֫לֶת
constr.	קְטוֹ֫לֶת	קְטוֹלֶת	קוֹטֶ֫לֶת	נִקְטֶ֫לֶת
Suff. légers	קְטוֹלְתִּי	קְטוֹלְתִּי	°קוֹטַלְתִּי	°נִקְטַלְתִּי
graves	. . . . . .	. . . . . .	קוֹטַלְתְּכֶם	נִקְטַלְתְּכֶם
Fém. en הָ. Ét. abs.	קְטוֹלָה	קְטוֹלָה	קוֹטָלָה	נִקְטָלָה
constr.	קְטוֹלַת	קְטוֹלַת	קוֹטְלַת [8]	נִקְטְלַת
Suff. légers	קְטוֹלָתִי	קְטוֹלָתִי	קוֹטְלָתִי	נִקְטְלָתִי
graves	קְטוֹלַתְכֶם	קְטוֹלַתְכֶם	קוֹטְלַתְכֶם	נִקְטְלַתְכֶם
Fém. Plur. Ét. abs.	קְטוֹלוֹת	קְטוֹלוֹת	קוֹטָלוֹת	נִקְטָלוֹת
constr.	קְטוֹלוֹת	קְטוֹלוֹת	קוֹטְלוֹת	נִקְטְלוֹת
Suff. légers	קְטוֹלוֹתַי	קְטוֹלוֹתַי	קוֹטְלוֹתַי	נִקְטְלוֹתַי
graves	קְטוֹלוֹתֵיכֶם	קְטוֹלוֹתֵיכֶם	קוֹטְלוֹתֵיכֶם	נִקְטְלוֹתֵיכֶם

1. Il en est de même avec les noms dont la deuxième voyelle est û, comme מַקְטוּל, etc., avec les noms dont la dernière voyelle est î, comme קַטִּיל, etc. ; — 2. קַטִּיל donne ici קַטֶּ֫לֶת.

3. La flexion est la même quand la voyelle impermutable est î ou û. — A cette flexion se rattachent les noms à afformante וֹן, qui ont une voyelle permutable, v. g. קְטָלוֹן, קִטְלוֹן, etc. ; קִטָּלוֹן, קִטְלוֹן, etc. ; — 4. avec la forme קָטוּל on a parfois קְטוּלִּים, קְטוּלֵּי, avec redoublement euphonique.

5. rarement קוֹטֵל ; — 6. rarement קוֹטְלִים (ou קוֹטְלִים), קוֹטְלֵי, קוֹטְלָה, קוֹטְלַת, קוֹטְלוֹת, etc. ; — 7. pause קוֹטָ֫לֶת ; — 8. rarement קוֹטֶלֶת.

B.—Voy.perm.ē	C. — Voy. permut. ō	A. — 2e Voyelle ā	B. — 2e Voyelle ē	C. — 2e Voyelle ō
קָטֵל°	מַקְטֹל°	קָטָל°	קָטֵל°	קָטֹל°
קְטֵל° [1]	מַקְטֹל°	קְטַל° [6]	קְטֵל° [13]	קְטֹל°
קְטֵלִי° [2]	מַקְטֵלִי° [4]	קְטָלִי° [7]	קְטֵלִי°	קָטְלִי° (?)
קְטֶלְכֶם° [3]	מַקְטֶלְכֶם°	קְטַלְכֶם°	[קְטֶלְכֶם]	קָטְלְכֶם° (?)
קְטֵלִים°	מַקְטֵלִים°	קְטָלִים°	קְטֵלִים° [14]	קְטֹלִים°
קְטֵלֵי°	מַקְטֵלֵי°	קְטָלֵי° [8]	קְטֵלֵי° [15]	קְטֹלֵי°
קְטֵלַי	מַקְטֵלַי	קְטָלַי	קְטֵלַי	קְטֹלַי
קְטֵלֵיכֶם	מַקְטֵלֵיכֶם	קְטָלֵיכֶם	קְטֵלֵיכֶם	קְטֹלֵיכֶם
קְטֶלֶת°	מַקְטֶלֶת°	קְטֶלֶת° [9]	קְטֶלֶת° [16]	
קְטֶלֶת	מַקְטֶלֶת	קְטֶלֶת	קְטֶלֶת	
קְטַלְתִּי°	מַקְטַלְתִּי° [5]	קְטַלְתִּי° [10]	קְטֶלְתִּי°	
קְטַלְתְּכֶם	מַקְטֶלְתְּכֶם	קְטַלְתְּכֶם	קְטֶלְתְּכֶם°	
קְטָלָה		קְטָלָה	קְטֵלָה	קְטֹלָה
קְטַלַת		קְטַלַת [11]	קְטֵלַת [17]	קְטֹלַת
קְטָלָתִי		קְטָלָתִי	קְטֵלָתִי [18]	קְטֹלָתִי
קְטַלַתְכֶם		קְטַלַתְכֶם	קְטֵלַתְכֶם (?)	קְטֹלַתְכֶם
קְטֵלוֹת	מַקְטֵלוֹת	קְטָלוֹת [12]	קְטֵלוֹת	קְטֹלוֹת
קְטֵלוֹת	מַקְטֵלוֹת	קְטָלוֹת	קְטֵלוֹת [19]	קְטֹלוֹת
קְטֵלוֹתַי°	מַקְטֵלוֹתַי°	קְטָלוֹתַי°	קְטֵלוֹתַי	קְטֹלוֹתַי
קְטֵלוֹתֵיכֶם	מַקְטֵלוֹתֵיכֶם	קְטְלוֹתֵיכֶם	קְטֵלוֹתֵיכֶם	קְטֹלוֹתֵיכֶם

1 avec le maqqēp^{h} קְטֶל־; parfois קְטַל; — 2. on a aussi קְטֵלִי, קְטֵלִים, קְטֵלֵי, קְטֵלָה, קְטֵלַת, etc.; — 3. parfois קְטֹלְכֶם.

4. et מַקְטְלִי, מַקְטְלִים, מַקְטְלֵי, מַקְטְלוֹת etc.; — 5. une fois מַקְטַלְתִּי.

6. rarement קֶטֶל, קְטֶל; — 7. et parfois קְטַלִי, קְטַלִים, קְטַלֵי, קְטַלָה, קְטַלוֹת: — 8. rarement קְטוֹלִי; — 9. pause קְטָלֶת; — 10. rarement קְטַלְתִּי; — 11. avec **Qēṭal,** קְטֵלַת; — 12. avec **Qēṭāl,** קְטָלוֹת, const. קְטָלוֹת.

13. assez souvent קֵטֶל, קְטַל; — 14. rarement קְטִלִים, קְטִלֵי, etc.; — 15. plus rarement קְטִלֵי; — 16. pause קְטֶלֶת; — 17. parfois קְטִלַת — 18. parfois קְטִלָתִי; — 19. parfois קְטִלוֹת.

noms ségolés

	A Forme Qaṭal	B Forme Qiṭal	C Forme Quṭal	6e FLEXION
Masc. Sing. Ét. absol.	קֶ֫טֶל° [1]	קֶ֫טֶל, קֵ֫טֶל° [8]	קֹ֫טֶל° [10]	קְטִלִי°
constr.	קֶ֫טֶל	קֶ֫טֶל, קֵ֫טֶל	קֹ֫טֶל	קְטִלִי
Suff. légers	קַטְלִי° [2]	קִטְלִי°	קָטְלִי° [11]	
graves	קַטְלְכֶם	קִטְלְכֶם	קָטְלְכֶם	
***Plur.* Ét. absol.**	קְטָלִים° [3]	קְטָלִים° [9]	קֳטָלִים° [12]	קְטִלִיִּים° [13]
constr.	קַטְלֵי° [4]	קִטְלֵי°	קָטְלֵי°	קְטִלֵיֵּי [14]
Suff. légers	קְטָלַי	קְטָלַי	קֳטָלַי	
graves	קַטְלֵיכֶם	קִטְלֵיכֶם	קָטְלֵיכֶם	
***Fém. en* ת. Ét. absol.**				קְטִלִית°
constr.				קְטִלִית
Suff. légers				
graves				
***Fém.* ה ָ. Ét. absol.**	קַטְלָה° [5]	קִטְלָה°	קָטְלָה°	קְטִלִיָּה
constr.	קַטְלַת [6]	קִטְלַת	קָטְלַת	קְטִלִיַּת
Suff. légers	קַטְלָתִי	קִטְלָתִי	קָטְלָתִי	
graves	קַטְלַתְכֶם	קִטְלַתְכֶם	קָטְלַתְכֶם	
***Fém. Plur.* Ét. absol.**	קְטָלוֹת°	קְטָלוֹת°	קֳטָלוֹת°	קְטִלִיּוֹת
constr.	קַטְלוֹת° [7]	קִטְלוֹת°	קָטְלוֹת°	קְטִלִיּוֹת
Suff. légers	קַטְלוֹתַי	קִטְלוֹתַי	קָטְלוֹתַי	
graves	קַטְלוֹתֵיכֶם	קִטְלוֹתֵיכֶם	קָטְלוֹתֵיכֶם	

1. pause קָטֶל et קֶטֶל; — 2. et קִטְלִי, קֶטְלִי; — 3. rar. קַטְלִים; — 4. et קִטְלֵי; — 5. et קִטְלָה; — 6. et קִטְלַת; — 7. et קִטְלוֹת.

8. pause קָטֶל et קֵטֶל; — 9. rar. קִטְלִים.

10. *idem* à la pause; — 11. rar. קֻטְלִי; — 12. souvent קֳטָלִים; parfois קָטָלִים et קֻטָלִים.

13. et קִטְלִים; — 14. et קִטְלֵי. — ***N. B.*** La forme קַטְלוּת donne parfois, au pluriel, קַטְלֻיּוֹת.

4e flexion	5e flexion Qaṭ°l	5e flexion Qiṭ°l	5e flexion Quṭ°l	5e flexion Qaṭ°l et Qiṭ°l	5e flexion Quṭ°l
חָכָם [1]	עֶ֫בֶד [6]	חֵ֫לֶב [9]	חֹ֫דֶשׁ [13]	°נַ֫עַר [16]	°פֹּ֫עַל [22]
°חֲכַם	עֶ֫בֶד	חֵ֫לֶב	חֹ֫דֶשׁ	נַ֫עַר	פֹּ֫עַל
עֲפָרוֹ [2]	עַבְדִּי [7]	°חֶלְבּוֹ	חָדְשׁוֹ	°נַעֲרִי [17]	°פָּעֳלוֹ [23]
	עַבְדְּכֶם	חֶלְבְּהֶן		°נַעַרְכֶם [18]	°פָּעָלְכֶם
°חֲכָמִים	°עֲבָדִים	°חֲלָבִים	°חֳדָשִׁים	נְעָרִים	פְּעָלִים
°חַכְמֵי	עַבְדֵי	חֶלְבֵי	חָדְשֵׁי	°נַעֲרֵי	גָּאֳלֵי [24]
חֲכָמָיו	עֲבָדַי	עֲבָרָיו [10]	חֳדָשָׁיו	נְעָרַי	
חַלְלֵיכֶם [3]	עַבְדֵיכֶם	עֶבְרֵיהֶם	חָדְשֵׁיכֶם	נַעֲרֵיהֶם	
עֲטָ֫רֶת [4]					
עֲטֶ֫רֶת					
חֲכָמָה	אַשְׁמָה [8]	עֶבְרָה [11]	חָכְמָה [14]	נַעֲרָה [19]	טָהֳרָה [25]
חָכְמַת	אַשְׁמַת	עֶבְרַת	חָכְמַת	בַּעֲלַת [20]	טָהֳרַת
	אַשְׁמָתוֹ	עֶבְרָתוֹ	חָכְמָתִי	נַחֲלָתִי [21]	טָהֳרָתוֹ
			חָכְמַתְכֶם	נַחֲלַתְכֶם	
חֲכָמוֹת	אֲשָׁמוֹת	עֲבָרוֹת	°עֲרָלוֹת [15]	נְעָרוֹת	
חַכְמוֹת		עֶבְרוֹת	עָרְלוֹת	נַעֲרוֹת	
	אַשְׁמוֹתָיו	אֶבְרוֹתֶ֫יהָ [12]		נַעֲרוֹתַי	
עַצְּרוֹתֵיכֶם [5]			עָרְלֹתֵיהֶם		

1. *sage;* — 2. עָפָר, *poussière;* — 3. חָלָל, *tué;* — 4. *couronne;* — 5. עֲצָ֫רֶת, *assemblée.*
6. *serviteur;* — 7. on a aussi הֶבְלִי, *ma vanité;* — 8. *péché.*
9. *graisse;* — 10. עֵ֫בֶר, *région opposée;* — 11. *fureur;* — 12. אֶבְרָה, *penne.*
13. *mois;* — 14. *sagesse;* — 15. עָרְלָה, *prépuce.*
16. *jeune homme;* pause נָ֫עַר; — 17. et נַעַרְךָ; — 18. et aussi פַּחְדּוֹ (de פַּ֫חַד, *crainte*), פַּחְדְּךָ, — 19. *jeune fille;* — 20. בַּעֲלָה, *maîtresse;* — 21. נַחֲלָה, *possession.*
22. *œuvre;* — 23. parfois פָּעֳלְךָ — 24. גֹּ֫אַל, *souillure;* — 25. *pureté.*

	A 5e flexion 'Qaṭl	B 5e flexion Qiṭl	C 5e flexion Quṭl	A. — Nom bilittère	B. — Nom פי avec aphérèse
Masc. Sing. Ét. absol.	°כַּף [1]	°לֵב [7]	°חֹק [12]	°יָד [16]	°דֵּעַ [19]
constr.	כַּף	לֵב [8]	חֹק [13]	°יַד	°עֵץ [20]
Suff. légers	°כַּפִּי	°לִבִּי	°חֻקִּי	°יָדִי	°דֵּעִי
graves	טַפְּכֶם [2]	לִבְּכֶם	°חָקְכֶם	°יֶדְכֶם	°יֶשְׁכֶם [21]
Plur. Ét. absol.	עַמִּים [3]	חִצִּים [9]	חֻקִּים	°דָּמִים [17]	°דֵּעִים
constr.	עַמֵּי	חִצֵּי	חֻקֵּי	°דְּמֵי	°עֲצֵי
Suff. légers	עַמֶּיךָ	חִצַּי	חֻקַּי	דָּמָיו	עֵצָיו
graves	שַׂקֵּיהֶם [4]	שִׁנֵּיהֶם [10]		דְּמֵיהֶם	
Fém. en ת. Ét. absol.					°רֶשֶׁת [22]
constr.					רֶשֶׁת
Suff. légers					°רִשְׁתִּי
graves					
Fém. ה_ָ. Ét. absol.	גַּנָּה [5]	גִּזָּה [11]	חֻקָּה [14]	דָּגָה [18]	דֵּעָה [23]
constr.		גִּזַּת	חֻקַּת	דְּגַת	עֲצַת [24]
Suff. légers	גַּנָּתוֹ		חֻפָּתוֹ [15]	דְּגָתָם	עֲצָתִי
graves					
Fém. Plur. Ét. absol.	כַּפּוֹת [6]	לִבּוֹת	חֻקּוֹת		דֵּעוֹת
constr.	כַּפּוֹת	לִבּוֹת	חֻקּוֹת		
Suff. légers	כַּפּוֹתָיו	לִבּוֹתָם	חֻקּוֹתַי		
graves	גַּנּוֹתֵיכֶם		חֻקֹּתֵיהֶם		

1. *main;* — 2. טַף, *petit enfant;* — 3. עַם, *peuple;* on a aussi עֲמָמִים, עַמְמֵי, עֲמָמֶיךָ; — 4. שַׂק, *sac;* — 5. *jardin.* — 6. duel כַּפַּיִם, כַּפֵּי, etc. — *N. B.* Avec des noms ע guttural ou ער, on a הַר, *montagne,* הָרִים, הָרֵי, etc., a long compensation du redoublement.

7. *cœur;* — 8. avec maqqēp*h* לֶב־; — 9. חֵץ, *flèche;* — 10. duel de שֵׁן, *dent;* — 11. *toison.*

12. *décret;* — 13. avec maqqēp*h* חָק־. — 14. *décret;* — 15. חֻפָּה, *baldaquin.*

16. *main;* — 17. דָּם, *sang;* — 18. *poisson.*

19. *science;* — 20. עֵץ, *bois;* — 21. יֵשׁ, *existence;* on a aussi יֶשְׁכֶם; — 22. pause רָשֶׁת, *possession;* — 23. דֵּעָה, *science;* — 24. עֵצָה, *conseil.*

XXIII. A Noms עו ségolés	XXIII. B Noms עי ségolés	XXIV. A 3e flexion	XXIV. B 4e flexion	XXIV. C 5e flexion Qaṭl et Qiṭl	XXIV. D 5e flexion Quṭl
°עָוֶל [1]	°חַיִל [2]	°עֹשֶׂה [4]	°קָצֶה [7]	°פְּרִי [12]	°חֳלִי [17], דְּלִי [18]
°עֲוֶל	°חֵיל	°עֹשֵׂה	°קְצֵה	פְּרִי	חֳלִי, יְפִי [19]
°עַוְלוֹ	°חֵילִי	°עֹשֵׂהוּ	°קָצֵהוּ	פִּרְיוֹ	חָלְיוֹ
			°נְוֵהֶם [8]	°פִּרְיָהֶם	
	חֲיָלִים	°עֹשִׂים	°פָּנִים [9]	°גְּדָיִים [13]	חֳלָיִים
		°עֹשֵׂי	°פְּנֵי	°גְּדָיֵי	
		עֹשָׂיו	פָּנָיו		חֳלָיֵנוּ
	°חֵילֵיהֶם	עֹשֵׂיהֶם	פְּנֵיכֶם		
		°תַּרְבִּית [5]	°צֶפֶת [10]	°בְּרִית [14]	
		תַּרְבִּית		בְּרִית	
				°בְּרִיתִי	
				בְּרִיתְכֶם	
עַוְלָה		°עֹלָה [6]	קָשֶׁה [11]	°גְּוִיָּה [15]	°אֳנִיָּה [20]
		עֹלַת	קְשֵׁה	גְּוִיַּת	
		עֹלָתוֹ		גְּוִיָּתוֹ	
°עַוְלוֹת	עֲיָנוֹת [3]	עוֹלוֹת	קָשׁוֹת	גְּוִיּוֹת [16]	אֳנִיּוֹת
	°עֵינוֹת	עוֹלוֹת		גְּוִיּוֹת	°אֻרְיוֹת [21]
		עֹלוֹתָיו		גְּוִיֹּתֵינוּ	°אֻשְׁיוֹתֶיהָ [22]
		עֹלוֹתֵיכֶם		גְּוִיֹּתֵיהֶם	

1. *iniquité.* — *N. B.* Avec d'autres noms, l'état absolu seul est dissyllabique : מָוֶת, *mort*, מוֹת, מוֹתִי, מוֹתֵי, מוֹתָיו.

2. *force;* — 3. עַיִן, *source.* — *N. B.* Avec d'autres noms, l'état absolu seul est dissyllabique; les autres formes sont contractées : אַיִל, *cerf;* const. אֵיל, plur. אֵילִים, אֵילֵי, etc. De même au fém. אֵימָה, *terreur,* etc.

4. *faisant;* — 5. *redevance;* — 6. *holocauste.*

7. *extrémité;* — 8. נָוֶה, *demeure;* — 9. *face;* — 10. *chapiteau;* — *N. B.* Si le י 3e radicale demeure, on a : עָנִי, *pauvre,* עֲנִיִּים, עֲנִיֵּי, עֲנִיֶּיךָ, etc.; — 11. *dure.*

12. *fruit;* — 13. גְּדִי, *chevreau;* — 14. *alliance;* on a aussi גָּזִית, *pierre de taille;* — 15. *corps, cadavre.* On a aussi בִּנְיָה, *bâtiment;* — 16. on a aussi כִּלְיוֹת, *reins,* כִּלְיוֹת, etc.

17. *seau;* — 18. *maladie;* pause חֹלִי; — 19. *beauté;* — 20. *bateau;* — 21. אֻרְוָה, *mangeoire;* — 22. אָשְׁיָה, *colonne.*

§ I. — ADVERBES.

	אֵין *il n'est pas*	יֵשׁ *il est*	עוֹד *(il est) encore*	אֵי *où (est-il) ?*
Sing. 1 p. c.	אֵינֶ֫נִּי		עוֹדֶ֫נִּי	
2 p. m.	אֵינְךָ	יֶשְׁךָ	עוֹדְךָ	אַיֶּ֫כָּה
2 p. f.	אֵינֵךְ		עוֹדָךְ	
3 p. m.	אֵינֶ֫נּוּ	יֶשְׁנוֹ	עוֹדֶ֫נּוּ	אַיּוֹ
3 p. f.	אֵינֶ֫נָּה		עוֹדֶ֫נָּה	
Plur. 1 p. c.	אֵינֶ֫נּוּ		עוֹדֵינוּ	
2 p. m.	אֵינְכֶם	יֶשְׁכֶם		
2 p. f.				
3 p. m.	אֵינָם		עוֹדָם	אַיָּם
3 p. f.				

§ II. — PRÉPOSITIONS PRÉFIXES.

	בְּ, *dans*	לְ, *à*	כְּ, *comme*	מִ, *de*
Sing. 1 p. c.	בִּי	לִי	כָּמ֫וֹנִי	מִמֶּ֫נִּי
2 p. m.	בְּךָ [1]	לְךָ [3]	כָּמ֫וֹךָ	מִמְּךָ [7]
2 p. f.	בָּךְ	לָךְ		מִמֵּךְ
3 p. m.	בּוֹ	לוֹ	כָּמ֫וֹהוּ	מִמֶּ֫נּוּ [8]
3 p. f.	בָּהּ	לָהּ	כָּמ֫וֹהָ	מִמֶּ֫נָּה
Plur. 1 p. c.	בָּ֫נוּ	לָ֫נוּ	כָּמ֫וֹנוּ	מִמֶּ֫נּוּ
2 p. m.	בָּכֶם	לָכֶם	כָּכֶם [5]	מִכֶּם
2 p. f.		לָכֵ֫נָה		
3 p. m.	בָּהֶם [2]	לָהֶם [4]	כָּהֶם [6]	מֵהֶם [9]
3 p. f.	בָּהֶן	לָהֶן	כָּהֶן	מֵהֵ֫נָּה

1. pause בָּךְ; — 2. et בָּם; — 3. pause לָךְ; — 4. poét. לָ֫מוֹ; — 5. et כְּמוֹכֶם; — 6. et כְּמוֹהֶם; — 7. pause מִמֶּךָּ; — 8. et מִ֫נְהוּ, מֶ֫נְהוּ; — 9. et מִנְהֶם, מֵהֵ֫מָּה.

§ III. — PRÉPOSITIONS A FORME DU SINGULIER.

	אֵת *accus.*	אֵת *avec*	עִם *avec*
Sing. **1 p. c.**	אֹתִי [1]	אִתִּי	עִמָּדִי
2 p. m.	אֹתְךָ	אִתְּךָ	עִמְּךָ
2 p. f.	אֹתָךְ	אִתָּךְ	עִמָּךְ
3 p. m.	אֹתוֹ	אִתּוֹ	עִמּוֹ
3 p. f.	אֹתָהּ	אִתָּהּ	עִמָּהּ
Plur. **1 p. c.**	אֹתָנוּ	אִתָּנוּ	עִמָּנוּ
2 p. m.	אֶתְכֶם	אִתְּכֶם	עִמָּכֶם
3 p. m.	אֹתָם	אִתָּם	[2] עִמָּהֶם
3 p. f.	אֹתָן		

1. on a aussi les formes אוֹתִי, etc... — 2. et עִמָּם

§ IV. — PRÉPOSITIONS A FORME DU PLURIEL.

	בֵּין, בֵּינֵי *entre*	אַחַר, אַחֲרֵי *après*	אֶל, אֱלֵי *vers*	עַל, עֲלֵי *sur*	עַד, עֲדֵי *jusqu'à*
Sing. **1 p. c.**	בֵּינִי	אַחֲרַי	אֵלַי	עָלַי	עָדַי
2 p. m.	בֵּינְךָ	אַחֲרֶיךָ	אֵלֶיךָ	עָלֶיךָ	עָדֶיךָ
2 p. f.	בֵּינֵךְ	אַחֲרַיִךְ	אֵלַיִךְ	עָלַיִךְ	
3 p. m.	בֵּינוֹ	אַחֲרָיו	אֵלָיו	עָלָיו	עָדָיו
3 p. f.		אַחֲרֶיהָ	אֵלֶיהָ	עָלֶיהָ	עָדֶיהָ
Plur. **1 p. c.**	בֵּינֵינוּ [1]	אַחֲרֵינוּ	אֵלֵינוּ	עָלֵינוּ	
2 p. m.	בֵּינֵיכֶם	אַחֲרֵיכֶם	אֲלֵיכֶם	עֲלֵיכֶם	עֲדֵיכֶם
2 p. f.				עֲלֵיכֶן	
3 p. m.	בֵּינֵיהֶם[2]	אַחֲרֵיהֶם	אֲלֵיהֶם	עֲלֵיהֶם[3]	
3 p. f.		אַחֲרֵיהֶן	אֲלֵיהֶן	עֲלֵיהֶן	

1. et בֵּינוֹתֵנוּ. — 2. et בֵּינוֹתָם. — 3. poét. עָלֵימוֹ.

A. — *Nombres Cardinaux* | B.—Ordinaux

avec …		n. masc. (abs)	n. masc. (cst)	n fém. (abs)	n. fém. (cst)	Ordinaux
1	א׳	אֶחָד	אַחַד	אַחַת	אַחַת	רִאשׁוֹן
2	ב׳	שְׁנַיִם	שְׁנֵי	שְׁתַּיִם	שְׁתֵּי	שֵׁנִי
3	ג׳	שְׁלֹשָׁה	שְׁלֹשֶׁת	שָׁלֹשׁ	שְׁלֹשׁ	שְׁלִישִׁי
4	ד׳	אַרְבָּעָה	אַרְבַּעַת	אַרְבַּע	אַרְבַּע	רְבִיעִי
5	ה׳	חֲמִשָּׁה	חֲמֵשֶׁת	חָמֵשׁ	חֲמֵשׁ	חֲמִישִׁי
6	ו׳	שִׁשָּׁה	שֵׁשֶׁת	שֵׁשׁ	שֵׁשׁ	שִׁשִּׁי
7	ז׳	שִׁבְעָה	שִׁבְעַת	שֶׁבַע	שְׁבַע	שְׁבִיעִי
8	ח׳	שְׁמֹנָה	שְׁמֹנַת	שְׁמֹנֶה	שְׁמֹנֶה	שְׁמִינִי
9	ט׳	תִּשְׁעָה	תִּשְׁעַת	תֵּשַׁע	תְּשַׁע	תְּשִׁיעִי
10	י׳	עֲשָׂרָה	עֲשֶׂרֶת	עֶשֶׂר	עֶשֶׂר	עֲשִׂירִי

		masc.	fém.
11	י״א	אַחַד עָשָׂר	אַחַת עֶשְׂרֵה
		עַשְׁתֵּי עָשָׂר	עַשְׁתֵּי עֶשְׂרֵה
12	י״ב	שְׁנֵים עָשָׂר	שְׁתֵּים עֶשְׂרֵה
		שְׁנֵי עָשָׂר	שְׁתֵּי עֶשְׂרֵה
13	י״ג	שְׁלֹשָׁה עָשָׂר	שְׁלֹשׁ עֶשְׂרֵה
14	י״ד	אַרְבָּעָה עָשָׂר	אַרְבַּע עֶשְׂרֵה
etc.		etc.	etc.

20	כ׳	עֶשְׂרִים	50	נ׳	חֲמִשִּׁים	80	פ׳	שְׁמֹנִים
30	ל׳	שְׁלֹשִׁים	60	ס׳	שִׁשִּׁים	90	צ׳	תִּשְׁעִים
40	מ׳	אַרְבָּעִים	70	ע׳	שִׁבְעִים			

100 ק׳ מֵאָה, מְאַת 200 ר׳ מָאתַיִם 300 ש׳ שְׁלֹשׁ מֵאוֹת

1000 א̈ אֶלֶף 2000 ב̈ אַלְפַּיִם 3000 ג̈ שְׁלֹשֶׁת אֲלָפִים

10000 { עֲשֶׂרֶת אֲלָפִים / רְבָבָה (רִבּוֹ, רִבּוֹא) } 20000 { עֶשְׂרִים אֶלֶף / רִבּוֹתַיִם }

ACHEVÉ D'IMPRIMER
EN DÉCEMBRE 1993
PAR L'IMPRIMERIE
DE LA MANUTENTION
A MAYENNE
N° 402-93